働いていても本が読める

AI時代の読書革命

井上 真花／著

はじめに

子どもの頃、私は本の虫でした。一度本を手に取ると、周りの世界が消え去り、物語の中に没頭していました。本にしがみついて読み続ける日々。それは私にとって至福の時間でした。

しかし、大人になるにつれて、その熱中した読書の習慣が徐々に失われていきました。なぜ本が読めなくなったのか。その理由を探る中で、時間の不足、集中力の低下、理解力への不安など、さまざまな要因が浮かび上がってきました。

そんな中で出会ったのが生成ＡＩでした。これらの障壁の多くが、ＡＩの助けを借りることで解消できたのです。

多くの人は、「生成ＡＩを使うことで読書効率が上がる」「スピードが上がる」というメリットを挙げます。確かに、そういった効果は顕著で、その有用性は否定できません。しかし、私にとって最大の恩恵は、「自分一人では理解できない難解な本が読めるようになった」ことでした。わからない箇所に出くわしたとき、ＡＩは共に考え、理解へのヒントを提示してくれます。それによって本の内容が腑に落ち、より深い思考へと導かれるのです。

本書は、このような体験を通じて得た気づきを皆さんと共有したいという思いから生まれました。この本が、ＡＩと共に歩む新しい読書の旅への道標となれば幸いです。さあ、あなたも一緒に生成ＡＩを携えて新しい読書体験を味わってみませんか。

目次

序章

本を読みたいけど読めない人へ

序章　本を読みたいけど読めない人へ

なぜ本が読めないのか

デジタル技術が日進月歩に進化するこの時代、私たちは「本を読みたくても読めない症候群」に陥っています。スマートフォンの普及により、いつでもどこでも手軽に情報にアクセスできるようになった一方、情報の洪水にさらされ、じっくりと腰を据えて一冊の本に取り組むことが難しくなっているのです。

この症候群は、決して個人に特化した現象ではありません。それは、『なぜ働いていると本が読めなくなるのか』(三宅香帆)※1という本がベストセラーになったことからも明らかです。仕事に追われる毎日の中で、読書の時間を確保することの難しさを訴えかけたこの本が多くの共感を呼んだのは、現代社会における読書の困難さを如実に示しています。

しかし、なぜ本が読めないと困るのでしょうか。本を読まなくても日々の生活に支障がなければ、困る必要はありません。つまり、本が読めないことでなにか支障が起きているからこそ悩みを抱えているはずです。

では、なぜ本が読めないと困るのでしょうか。ここからは、その理由を一つずつ考えていきましょう。

■本を読まなくちゃいけないという強迫観念

本が読めないことで悩んでいる人のなかには、「本を読まなくてはいけない」という強迫観念を抱えている人もいます。その人には「本を読まない人はダメだ」「本を読んで成長し続けなければ」といった思い込みがあり、それが読書へのプレッシャーとなっているのでしょう。

では、なぜ私たちはそう思い込んでしまうのでしょうか。その一因は「本を読む人は偉い」というイメージにあるのかもしれません。確かに、著名な経営者やリーダーが読書家であることが度々メディアで取り上げられ、読書と成功が結び付けられることがあります。しかし、読書量と人間的価値は本当に比例するのでしょうか。

「常に向上心を持ち続ける自分でありたい」という思いも、読書へのプレッシャーを生む要因になりえます。多くの自己啓発書には「成功者は皆、読書を欠かさない」といった言説がよく見られます。こうしたメッセージを信じることで、読書しない自分を責めてしまうようになるのでしょう。

では、この強迫観念から脱却するにはどうすればよいのでしょうか。

まず、読書は義務ではなく、自発的な行動であると認識し直すところから始めましょう。他者からの評価や期待に応えるためではなく、自分のなかの「これが読みたい」という動機をきっかけに本を読むのだということを、しっかり頭のなかに叩き込みます。つまりいかに話題の本であっても、上司から勧められた本であっても、その本に対して興味が湧かなければ読む必要はないのです。

飽くなき向上心を捨てる必要はありませんが、向上することを目的に本を読むことはやめましょう。読書以外にも学びの方法はあります。映画や美術館、人との対話など、さまざまな経験が私たちを成長させます。読書にこだわらず、自分に合った学びの形を探ってみるのも一つの手です。

しかし最も重要なのは、自分を許すことではないしょうか。なかなか本が読めなくても、それで自分を責めたりプレッシャーを感じたりする必要はありません。自分のペースを守り、無理をせずに読書と向き合う姿勢を保つこと。これにより、強迫観念から解放されるかもしれません。

■自分には知識が足りないことを実感している

多くの社会人が「自分には知識が足りない」と感じています。この時感じる焦りは、仕事で求められる知識や教養の幅広さに起因しているのかもしれません。プレゼンテーションのスキル、業界知識、リーダーシップ理論など、ビジネスパーソンが身につけるべきことは山積みです。

そんな時、真っ先に頭に浮かぶのが本で学ぶことでしょう。「ビジネス書や自己啓発書を読めば、足りない知識を補える」と考えるのは、ごく自然な発想といえます。しかし、本当に知識は本からしか得られないのでしょうか。

確かに本は知識の宝庫で、体系的にまとめられた情報を効率的に吸収できるというメリットがあります。しかし、それ以外の学習方法も数多く存在します。たとえば、オンラインの講座やウェビナーを活用してみてはいかがでしょうか。専門家の解説を動画で視聴しながら、インタラクティブに学ぶことができるでしょう。また、実践的なワークショップに参加するのも有効です。他の参加者との交流を通じて、生きた知識を身につけられます。

社内の勉強会や異業種交流会など、他者から学ぶ機会を活用することも考えてみましょう。先輩の経験談を聞いたり、他社の事例を学んだりすることで、書籍では得難い実践知が手に入ります。ポッドキャストや動画コンテンツなど、オーディオビジュアルな学習リソースを利用するのもよい方法です。

知識を得るための方法は、本以外にも数多く存在します。大切なのは、自分に合った学び方を見つけること。読書が苦手な人もいれば、討論を通じて理解を深める人もいます。視覚的に情報を整理したい人には、インフォグラフィックなどを用いた図解入りの記事がおすすめかもしれません。

とはいえ、読書の意義を否定しているわけではありません。本は時間や場所を超えて先人の知恵に触れられる唯一無二のメディアです。ある分野の第一人者による書籍は、体系的な理解に役立つでしょう。読書で得た知識を土台に、他の学習を組み合わせることで、より深い理解が得られるはずです。

知識不足を感じた時、まずは本を手に取ってみる。それと同時に、自分に合ったさまざまな学び方を探ってみる。さまざまな方法を試してみることで、知識を効果的に吸収できれば、自信を持って仕事に取り組めるようになるでしょう。大切なのは、学ぶ意欲を持ち続けること。その姿勢があれば、知識は自ずと身についていくはずです。

■読書家だった自分に戻りたい

昔は本が好きで、毎日のように読んでいたのに、なぜか読めなくなってしまった――。こういう理由で本書を手に取った人もいるかもしれません。読書への情熱を失ってしまったことに対して残念に思ったり、あの頃の気持ちを取り戻したいと思ったりしている人にとって、本が読めないという状況は、さぞかし辛く口惜しいことでしょう。

では、なぜ本が読めなくなってしまったのでしょうか。昔は読めていたのに、今は読めない。その理由は、おそらく昔と今の状況の違いにあります。仮に「昔」を学生時代、「今」を社会人時代としたとき、考えられるのは「時間がない」「集中力がない」「理解力がない」という3つの「ない」です。

「時間がない」という課題は、多くの社会人が直面する問題です。仕事や家事、育児に追われ、ゆっくり本を読む時間を確保できないという人は少なくありません。そのなかで、少しだけ自分の時間ができたとしても、新たに「集中力がない」という課題に直面します。集中力に関しては、スマートフォンの普及が関係しているかもしれません。短時間で楽しめるSNSや動画に慣れすぎてしまい、一冊の本に没頭するだけの集中力が持続できなくなっている可能性はあります。なんとか集中して読んでみても、次に

「理解力がない」という課題にぶつかります。「何度読み返しても理解できないのは、自分の理解力が足りないせいだ」と感じたとしても、その理由はほかにあるかもしれません。

「昔は読めていたのに、今は読めない」という人が抱えている3つの課題を説明しましたが、これらの課題は決して解決できない難題ではありません。本書では、この課題を解決する方法について考えていきます。

まず大切なのは、自分を責めないこと。読書習慣が失われたのは、あなたの意志の弱さが原因ではありません。環境の変化や、社会人としての責任の増加など、さまざまな要因が複雑に絡み合った結果なのです。

次に、「昔のような読書家に戻る」という考え方自体を見直してみましょう。私たちは常に変化し、成長しています。昔と全く同じ読書スタイルである必要はありません。むしろ、現在のライフスタイルに合った、新しい読書の形を見つけることを考えてみてください。

大切なのは、読書を楽しむという本質的な目的を忘れないこと。知識を得ることも大切ですが、それ以上に、本を読むと新しい世界に触れる喜びや、想像力を働かせる楽しさがあります。本を読むという楽しみを取り戻すため、できることはたくさんあります。

本書では、これらの課題に対する具体的な解決策を提案していきます。あなたの中に眠っている「本が好き」という気持ちを呼び覚まし、新しい読書習慣を築くためのヒントが見つかるはずです。

読書は、決して遠い存在ではありません。むしろ、あなたの日常にすぐにでも取り入れられる、身近な楽しみなのです。本書を読み終わった後、きっとあなたなりの「読書の楽しみ方」が見つかっているでしょう。

序章　本を読みたいけど読めない人へ

生成ＡＩを活用した新しい読書術

「昔は読めていたのに、今は読めない」という3つの課題をクリアし、再び本が読めるようになるために、私たちにできることがあります。本書では、この課題を解決する方法について考えていきます。その際に活用するのがＣｈａｔＧＰＴやＧｅｍｉｎｉなどの生成ＡＩサービスです。

■生成ＡＩの基本概念と可能性

生成ＡＩとは、ＬＬＭ（Ｌａｒｇｅ Ｌａｎｇｕａｇｅ Ｍｏｄｅｌ）と呼ばれる大規模言語モデルで、新しいコンテンツを創造したり、人間の質問に対して適切な回答を生成したりする能力を持つＡＩシステムです。その名の通り、「生成する」ことに特化したＡＩ技術であり、テキスト、画像、音声、さらにはプログラムコードなど、さまざまな種類のデータを生成します。

生成ＡＩでテキストを生成する際、次の言語を予想します。大量のテキストデータを学習し、単語や文章のパターンを把握したＡＩモデルは、与えられた単語や文の状況に基づいて、次に来る言葉を予測し、文章を作成します。つまり生成ＡＩは文章の内容を理解しているわけではなく、次に来る単語を予測しているだけだということを覚えておいてください。

これらのモデルは、自然言語理解、文章生成、質問応答、タスク遂行など、多岐にわたる能力を持っています。人間の言葉から文脈を把握する能力、自然で流暢な文章を生成する能力、与えられた質問に対して適切な回答を生成する能力、そして指示に基づいて特定のタスクを実行する能力などを備えています。

生成ＡＩの仕組みは、大まかに以下のようなステップで説明できます。まず、大量のテキストデータを使って言語の構造や知識を学習する事前学習が行われます。次に、ユーザーからの入力（質問や指示）を受け取り、その文脈や意図を理解します。必要に応じて学習した知識から関連情報を検索し、入力と検索した情報を基に適切な回答や文

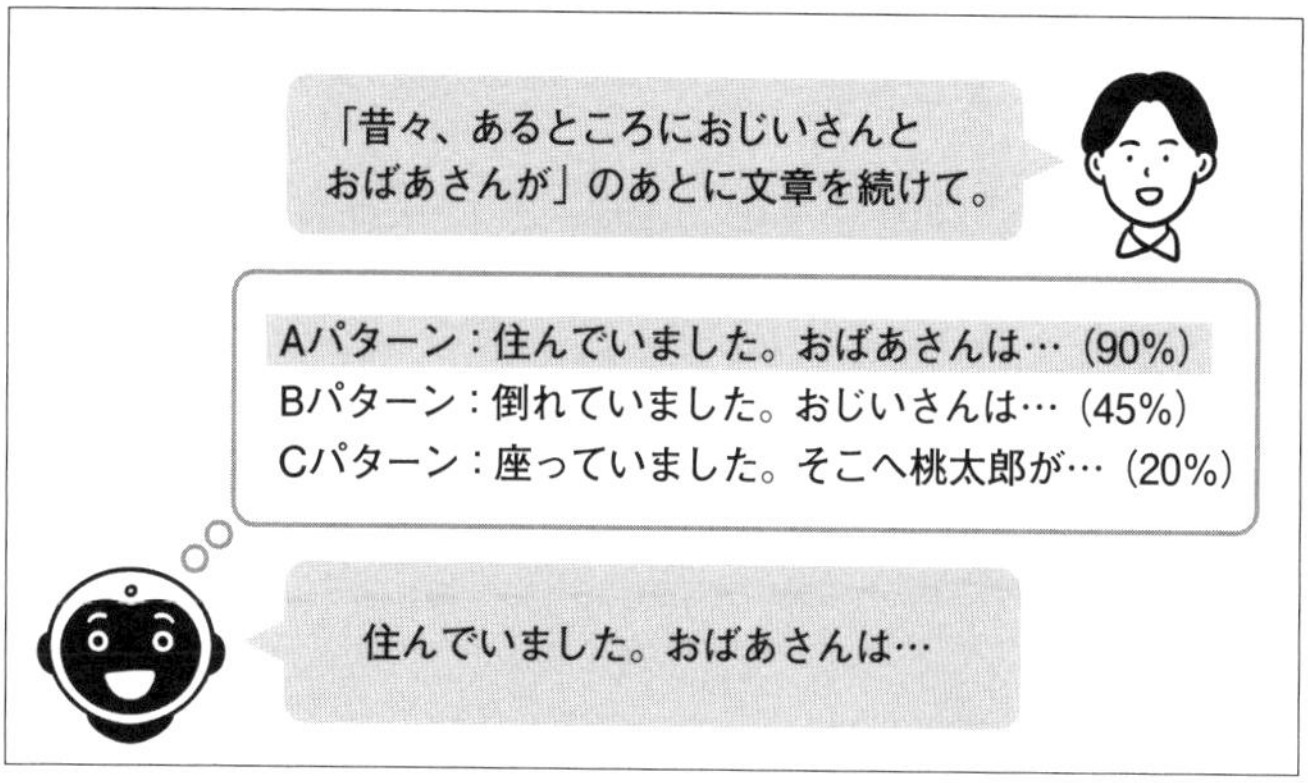
「昔々、あるところにおじいさんと
おばあさんが」のあとに文章を続けて。
Aパターン：住んでいました。おばあさんは…（90%）
Bパターン：倒れていました。おじいさんは…（45%）
Cパターン：座っていました。そこへ桃太郎が…（20%）
住んでいました。おばあさんは…

生成AIが文章を作る仕組み。AIが考えているのではなく、大規模言語モデルの中から単語やフレーズの確率分布を計算し、高い確率で続く言葉を選択する

章を生成します。最後に、生成した回答をユーザーに提示します。

■ＡＩを活用した読書の利点

生成ＡＩの主な特徴として、まず柔軟性が挙げられます。さまざまな種類の質問や指示に対応できる能力を備えているため、多くの要望に応じて文章を作成します。また、新しいアイデアや表現を生み出せる創造性も備えています。さらに、ユーザーの好みや要求に合わせた対応や、複数の言語を理解し翻訳や解説ができる多言語対応能力も持ち合わせています。24時間稼働が可能で迅速な応答ができることも、大きな利点と言えるでしょう。

これらの特徴により、生成ＡＩは教育、ビジネス、創作活動など、さまざまな分野で活用されつつあります。特に、情報の整理や理解の補助、アイデア生成などの面で大いに役立っています。

■生成ＡＩを活用した新しい読書体験

この生成ＡＩの能力を読書に応用すれば、３つの課題を克服して読書が楽しめるようになります。以下に、生成ＡＩを活用した読書の具体的な方法をいくつか紹介しましょう。

本の内容が理解できないという課題に関しては、難解な概念や専門用語の説明を求めたり、著者の意図や背景を推測して解説してもらったりすることができます。また、本の内容に関連する追加情報や例を提供してもらうことで、より広い文脈で内容を理解することが可能になるのです。

短時間で内容をざっくり知りたいときは、本の要約を作成してもらったり、重要なポイントや主要な論点をリストアップしてもらったりすることができます。さらに、章ごとのキーワードや主題を抽出してもらうことで、本の全体像を把握しやすくなるでしょう。

集中力を持続させるには、刺激が必要です。ただ本の情報を受け取り続けるだけだと、刺激が少なくて飽きてしまうかもしれません。インタラクティブに本に取り組みたいときは、本の内容に対する異なる視点や反論を提示してもらってはいかがでしょうか。また、著者の主張の妥当性や論理の一貫性をチェックしてもらったり、現代的な文脈での解釈や適用可能性を検討してもらったりすることで、新しい見方ができるようになるかもしれません。

さらに学びを深めたいときは、本の内容に関連する練習問題や応用課題を作成してもらったりすることが可能です。さらに、読書計画や学習スケジュールの立案を支援してもらうことで、効率的な学習を進めることができます。

創造的な展開という面では、本の内容をベースにした新しいアイデアや応用例を生成したり、著者との仮想対話を通じてより深い洞察を得たりすることができます。また、異なるジャンルや分野との接点を探ってもらうことで、思考の幅を広げることが可能です。

これらの方法を活用することで、読者は単に本を読むだけでなく、ＡＩとの対話を通じてより深い理解と多角的な視点を獲得することができます。また、自分のペースや関心に合わせて柔軟に学習を進められるため、「読みたいけど読めない」という悩みも解決できます。

■注意点と今後の展望

生成ＡＩを読書に活用する際、いくつかの点に注意しましょう。まず、ＡＩの回答は必ずしも１００％正確ではないということを認識しておく必要があります。時として誤った情報や偏った見解を提示する可能性があるため、常に批判的に情報を検証する姿勢が重要です。また、本の内容を大量に引用する際は著作権に配慮する必要があります。さらに、ＡＩの回答を鵜呑みにせず、常に自分で考え、検証する姿勢を持つことが大切です。

一方で、生成ＡＩ技術は日々進化しており、今後はさらに高度な理解や対話が可能になると予想されます。たとえば、本の内容を基にしたインタラクティブな学習体験や、読者の理解度に応じて自動的に難易度を調整する機能など、より革新的な読書支援ツールが登場するかもしれません。

本書では、これらの生成ＡＩの可能性と注意点を踏まえつつ、ＡＩを味方につけて、より豊かで効果的な読書体験を実現するための具体的な方法を提案していきます。生成ＡＩと人間の知性を組み合わせることで、読書の楽しさと学びの深さを最大限に引き出すことが、本書の目指すところです。

第1章

読書の障壁を乗り越える

「時間がない」という課題を解決する

それでは、前章で紹介した本が読めない3つの理由、つまり「時間が足りない」「集中力が足りない」「理解力が足りない」について1つずつ考えていきましょう。

■時間が足りない理由

読書する時間が確保できない理由は人それぞれ異なりますが、大きく分けて2つのパターンがあります。

1つ目は、忙しい日々に疲れ果て、読書する気力が湧かないというケース。仕事に追われ、終電ギリギリまで残業を続ける。家に帰れば後片付けや翌日の準備に追われ、ゆっくり本を読む間もない。そんな毎日を送っていると、休日にはただただ休息を取ることに専念したくなるものです。読書は気力と体力を要する行為。疲れ切った状態では、なかなか本を手に取る気にはなれないでしょう。

2つ目は、休日に自由な時間が確保できないというケース。週末はショッピングに出かけたり、友人と会ったり、習い事に通ったりと、予定がぎっしり詰まっている。家族サービスや子供の学校行事、地域のイベントなども加わり、休日はあっという間に過ぎていく。そんな中で、ゆったりと読書に没頭する時間を作るのは至難の業です。これは決して珍しいことではありません。仕事に家庭に趣味に、やるべきことは山積みです。読書の優先順位が下がってしまうのも当然のことと言えるでしょう。

■読書時間を生み出す

毎日があまりにも忙しいから、読書の優先順位を上げるのは無理だと諦めてしまいそうになります。こんな毎日を過ごす中で、どうすれば読書の時間を生み出せるのでしょうか。そんな時は、発想を少し変えて考えてみましょう。

一冊の本を読むのに、どれくらいの時間が必要でしょうか。ざっくりと計算してみましょう。一般的な文庫本の1ページあたりの文字数は400字前後。300ページの本なら、全体で約12万字になります。この分量を、一般的な読書速度である1分間に400字で読むとすれば、トータルで約5時間かかる計算です。

5時間と聞いて、長いと感じましたか？　それとも意外と短いと感じましたか？　いずれにせよ、仕事や家事、育児に追われる毎日の中で5時間という空き時間を作るのは容易なことではありません。諦めてしまいたくなる気持ちもわかります。

しかし、なにも5時間をまとめて確保する必要はありません。1時間でも、30分でも、いえ、10分でも構わないのです。短時間の読書をコツコツと続けていけば、やがて最終ページをめくる日がやってくるでしょう。

たとえば、1日30分ずつ読書の時間を作れば、1週間で3時間30分本が読めます。2週間かけてじっくりと一冊を読み切る、そんな読書スタイルもあって良いでしょう。通勤電車の中で15分、昼休みに10分、寝る前のベッドの中で5分。このように、隙間時間を読書に充てることを習慣づければ、気づかないうちに一冊を読み終えているはずです。

大切なのは、完璧な読書を目指すことではありません。1ページでも2ページでも、自分のペースで読み進めていくこと。どんなに忙しい日々の中でも、本を手に取る小さな習慣を続けられれば、それが生涯にわたる読書の財産を築いていくのです。

■細切れでも続けて読める方法

しかし、細切れで読書をしていると、内容が十分に頭に入ってこなかったり、集中力が続かなかったりするかもし

れません。前回読んだ内容を忘れてしまい、物語の流れがつかめなくなる。登場人物の関係性が理解できず、混乱してしまう。そんな経験をしたことがある人も多いのではないでしょうか。

こうした問題を解決する有効な手段の一つが、読書メモです。読書メモとは、本を読みながら、気づきや疑問点、重要だと思ったフレーズなどをメモしていく方法のこと。紙のノートでも、スマートフォンのメモアプリでも構いません。大切なのは、読書の過程で浮かんだ思考を言語化し、記録していくことです。

読書メモを取るようになると、内容の理解が格段に深まります。自分の言葉で本の内容を要約することで、書かれている事柄が明確に整理されるからです。登場人物の名前や関係性、物語の展開、重要な出来事などを書き留めておけば、前回の内容を思い出すのも容易になるでしょう。

また、読書メモによって能動的に読むことを意識づけられ集中力が高まるという効果もあります。ただ受動的に文字を目で追うだけでなく、大切だと思った部分に線を引いたり、疑問点を書き出したりすることで、自然と本に没頭できるようになるでしょう。

さらに、読書メモは読書の楽しみを増幅してくれる効果も期待できます。本を読んで感じたことを自由に書き留めることで、その本との特別な関係性が生まれていくでしょう。

もちろん、最初のうちは読書メモを取ることが負担に感じられるかもしれません。でも、少しずつで構いません。一言でも二言でも、自分の思ったことを書き留めていく習慣を身につけてみましょう。

細切れの読書でも、読書メモを活用することで、内容の理解と集中力の問題はクリアできるはずです。本を読むことと、自分の思考を言語化すること。この両方の作業を繰り返すことで、より深く、より豊かな読書体験を得られるのだと思います。

読書メモは、あなたと本をつなぐ架け橋のような存在。本を読み進める過程で、ぜひ読書メモを活用してみてください。具体的な読書メモの書き方については本書の第4章で紹介しているので参考にしていただければ幸いです。

■他の活動を読書に置き換える

「時間がない」と感じる多くの人は、実は気づかないうちに多くの時間を他の活動に費やしています。これらの活動の一部を読書に置き換えることで、効果的に読書時間を生み出すことができるかもしれません。

そのために、まず日々の活動を詳細に分析してみましょう。たとえば、SNSやテレビの視聴時間を記録してみると、思わぬ時間の使い方が見えてくるかもしれません。スマートフォンの使用時間を記録するアプリを活用すると、より正確な分析ができます。その結果、1日30分や1時間といった意外なまとまった時間が見つかるかもしれません。

次に、これらの時間の一部を読書に振り替えることを検討しましょう。たとえば、就寝前のSNSチェックの時間を読書に充てる、通勤中のスマホゲームの代わりに電子書籍を読むなどの工夫ができます。テレビを見る時間を30分

減らして読書に充てるだけでも、週に3時間以上の読書時間が生まれます。

また、普段何気なく行っている活動と読書を組み合わせるのも効果的です。そのとき気をつけたいのは、なにも考えなくてもやれる活動と組み合わせるということ。当たり前ですが、頭を使う作業をしながら本を読むことはできません。たとえば、家事や料理の合間の待ち時間に短い記事や本の一節を読む、ジムでのトレーニング中にオーディオブックを聴くなど、頭を使わない時間帯を狙って読書と組み合わせてみてください。

移動時間の活用も有効です。通勤や通学の時間、あるいは待ち合わせまでの隙間時間など、普段は「無駄な時間」と感じていた時間帯こそ、読書の絶好の機会となります。電子書籍やオーディオブックを活用すれば、立っていても混雑した電車の中でも読書を楽しむことができるでしょう。

休憩時間の使い方を見直すのも一案です。仕事の休憩時間や昼食後のひと時を、スマホでSNSをチェックする代わりに短い読書タイムに変えてみましょう。これは、リフレッシュ効果も期待できます。

ここで気をつけたいのは、完全に他の活動を排除するのではなく、バランスを取るということ。たとえば、テレビを見る時間を全て読書に置き換えるのではなく、1日のうち30分だけテレビの時間を読書に置き換えるなど、無理のない範囲で少しずつ変化をつけていきましょう。

このように、普段の生活の中で「読書に置き換えられる時間」を見つけ、少しずつ実践していくことで、「時間がない」という問題を解決できます。最初は小さな変化から始めて、徐々に読書の時間を増やしていくことで、自然と読書が日常の一部となっていくでしょう。

「集中力がない」という課題を解決する

■集中が続かない理由

本を開いても、なかなか集中できない。気が散ってしまって、つい他のことを考えてしまう。そんな経験をしたことがある人は多いのではないでしょうか。

読書に集中できない理由はいくつか考えられますが、その多くは環境に起因しています。

たとえば、テレビがついたままの部屋で読書をしようとしても、映像や音声に気を取られてしまい、なかなか本に没頭できないものです。スマートフォンの通知音が鳴り響く空間では、つい手を伸ばしてしまいがち。家族の会話や、外から聞こえる騒音も、集中力を削ぐ要因となるでしょう。

また、読書に適さない姿勢も集中力を妨げます。ソファに深く腰掛けていると、だんだんと眠気が襲ってきてしまうかもしれません。照明が明るすぎたり、暗すぎたりするのも、目の疲れを早め、集中力の持続を難しくします。

このように、私たちを取り巻く環境は、意外なほど読書に影響を与えているのです。集中力が続かないからといって、自分を責める必要はありません。むしろ、環境を見直すことが大切なのだと思います。

理想的な読書環境とは、静かで適度な明るさがあり、姿勢を保ちやすい場所。そんな空間があれば、自然と本に没頭できるはずです。もちろん、人によって最適な環境は異なります。あなたにとって心地よい読書環境を探してみてはいかがでしょうか。

■サードプレイスを作る

集中力を高め、読書に没頭するためには、適切な環境づくりが欠かせません。そこで、ぜひ活用していただきたいのが、カフェや図書館などのサードプレイスです。

サードプレイスとは、自宅（ファーストプレイス）でも職場や学校（セカンドプレイス）でもない、第三の居場所のこと。そこは、リラックスできると同時に、ある程度の緊張感も保てる、絶妙なバランスを備えた空間です。

多くの人が、読書のためのサードプレイスとしてカフェを選びます。カフェは、コーヒーの香りが漂い、静かなBGMが流れる、落ち着いた雰囲気が魅力。適度な喧噪が、かえって集中力を高めてくれるという人もいるでしょう。

図書館は言うまでもなく、読書に最適な環境。静寂が支配する空間に身を置けば、自然と読書モードに入れるはずです。「電車に乗ると読書が捗る」という人は、少し遠回りをして長めに電車に乗ってみてもよいかもしれません。

大切なのは、その場所に入った瞬間から、スムーズに本と向き合えるような環境を選ぶこと。読書に集中できるよう、席の位置や照明、音量などをチェックしてみてください。

たとえば、カフェではカウンター席よりもテーブル席、窓際よりも奥まった席が、周囲の影響を受けにくいかもしれませんし、図書館なら、書架に囲まれた一角の席が、読書の世界に没頭しやすいでしょう。

もちろん、最適な環境は人それぞれ異なります。あなたが心地よいと感じる場所を探してみてください。そして、その場所で読書を重ねていくこと。最初のうちは慣れないかもしれませんが、何度も繰り返すうちに、自然と読書の習慣が身についていくはずです。

サードプレイスで読書をするというルーティンを確立することで、本を手に取ることへの心理的ハードルも下がっていきます。「今日はカフェで一時間読書しよう」と決めておけば、スムーズに行動に移せるでしょう。

■自宅に読書スペースを作る

サードプレイスが見つけられないという人は、自宅に読書スペースを作ってみてはいかがでしょうか。生活空間の中に適切な読書環境を整えれば、自然と本に集中できるようになり、読書の質と量を向上させることができるでしょう。

　そのために、物理的な環境を整えるところから始めましょう。読書専用のスペースを作ることが理想的ですが、それが難しい場合は、読書時に使う特定の椅子や場所を決めておくのも効果的です。その場所に座ることで、自然と読書モードに入れるようになります。

　照明にも注意を払いましょう。目に優しい間接照明や、色温度を調整できるスマート電球を使用すると、長時間の読書でも目が疲れにくくなります。また、自然光を取り入れられる場所で読書するのも良いでしょう。

　音環境も重要です。完全な静寂が好ましい人もいれば、適度な白色雑音やバックグラウンドミュージックがあったほうが集中できる人もいます。ノイズキャンセリングヘッドホンや、環境音アプリを活用し、自分に合った音環境を作りましょう。

　スマートフォンやパソコンからの誘惑を断つことも大切です。読書中はスマートフォンの通知をオフにしたり、「集中モード」を活用したりして、不要な割り込みを防ぎましょう。電子書籍を読む場合は、通信機能を備えていない読書専用端末を使用するのもよいかもしれません。

　読書前の小さなルーティンを作ることも効果的です。たとえば、お気に入りの飲み物を用意する、深呼吸を数回行う、ストレッチをするなど、読書の前に決まった行動をとることで、脳に「これから読書を始める」という信号を送ることができます。

適度な休憩を取り入れることも心がけましょう。長時間読書に没頭してもよいのですが、難解な本を読んでいると、どんどん頭が疲れてきてしまいます。25分読書して5分休憩するポモドーロ・テクニックを応用したり、章ごとに短い休憩を入れたりすることで、集中力を維持できます。

読書の進捗を可視化することも、集中力の維持に役立ちます。ブックマークを使って進み具合を確認したり、読書記録アプリで読んだページ数を記録したりすることで、達成感が得られ、集中力が向上するかもしれません。

このように、自分に合った読書環境をデザインし、継続的に改善していくことで、集中力の問題を克服し、より深い読書体験を得ることができるでしょう。環境づくりは一朝一夕にはいきませんが、少しずつ試行錯誤を重ねることで、必ず自分に最適な読書環境が見つかるはずです。

■集中できる時間帯を見つける

読書に集中できるかどうかは、時間帯にも大きく左右されます。人にはそれぞれ、本が読みやすい時間帯があります。たとえば、朝型の人は、早朝の静かな時間帯に読書をするのが効果的かもしれません。夜型の人なら、深夜の静寂が読書に適しているでしょう。また、日中でも、午前中に集中力が高まる人もいれば、午後の方が頭がすっきりする人もいます。

自分に合った読書の時間帯を見つけるためには、まず1日の自分の状態を記録してみることをおすすめします。1

時間ごとに、集中力や頭の冴えをチェックしてみてください。眠気が強い時間帯や、逆に集中力が高まる時間帯がわかってくるはずです。

そうした記録を一週間ほど続けてみると、自分の集中力のリズムが見えてくるでしょう。そのデータをもとに、一番集中しやすい時間帯を読書にあてるのです。早起きが苦手な人が、無理に朝の読書を続けても長続きしません。自分のリズムに合った時間帯を見つけることが大切です。

集中しやすい時間帯に、サードプレイスに出かけて読書ができれば、さらに効果的です。たとえば、午前中に集中力が高まる人なら、カフェの開店と同時に入り、モーニングコーヒーを飲みながら読書をする。夜が読書に適している人なら、仕事帰りに図書館に立ち寄り、静かな環境で読書を楽しむ。そんな習慣を作ることができれば、読書の質も量も、ぐっと向上するはずです。

時間帯とサードプレイスの組み合わせは、人によって無数のバリエーションがあります。あなたに合った最適な組み合わせを探してみてください。試行錯誤は避けられませんが、自分なりのパターンを見つけた時、読書はもっと身近で楽しいものになるはずです。

大切なのは、自分のリズムを知り、それを受け入れること。朝でも夜でも、人によってベストな読書タイムは異なります。周囲の人と比べる必要はありません。あなたのペースで、あなたの方法で読書を続けていってください。

自分に合った時間とスペースで読書をする。そんなシンプルだけど大切なコツを実践することで、集中力の問題は必ず解決できるはずです。

「理解力がない」という課題を解決する

■本のレベルがあっていない

本を読んでいても、内容が頭に入ってこない。難しい言葉や概念が出てきて、途中で挫折してしまう。そんな経験をしたことがある人は少なくないのではないでしょうか。

理解できない本を読み続けるのは苦痛以外の何物でもありませんが、読書に嫌悪感を抱いてしまっては元も子もありません。では、なぜ内容が理解できないのでしょうか。その理由はいくつか考えられます。

まず考えられる原因は、選んだ本のレベルが自分に合っていないこと。難しすぎる本、専門的すぎる本を手に取ってしまったのかもしれません。未知の分野に挑戦するのは素晴らしいことですが、いきなり高度な内容に取り組んでも、理解が追いつかないのは無理もありません。

たとえば、哲学の入門書を読んだことがない人が、突然カントやヘーゲルの原著に挑戦しても、途中で挫折してしまうのは想像に難くありません。プログラミングの基礎知識がない人が、いきなり高度なアルゴリズムの本を読んでも、理解は覚束ないでしょう。

大切なのは、今の自分のレベルを冷静に判断し、それに合った本を選ぶこと。入門書や初心者向けの本から始め、少しずつステップアップしていくのが賢明です。無理な背伸びは禁物。ゆっくりと、着実に理解を深めていく姿勢が大切なのです。

自分のレベルを見極めるには、書店で立ち読みをしたり、本の冒頭部分を試し読みしたりするのが効果的でしょう。どれくらい理解できるか、自分の腹に落ちるか。そんな観点から本を選ぶ習慣を身につけてください。

オンライン書店大手のＡｍａｚｏｎの場合、多くの書籍が「なか見！検索」に対応しています。本の内容の一部を無料で閲覧できるので、購入前にレベルチェックが可能です。カスタマーレビューを参考にするのも一つの手。他の読者の感想から、本の難易度を推し量ることができるでしょう。

自分のレベルにあった本を選ぶ方法は、本書の2章で詳しく解説しています。それを参考にしてもらってもよいかもしれません。

難しすぎる本を選んでしまったがために、読書に挫折してしまった。そんな経験をした人は、ぜひ一度立ち止まって、自分のレベルを見直してみてください。理解できる本を読み、知識を積み重ねていく。そうすることで、少しず

つレベルアップができるはずです。今の自分に合った本、理解できる本をチョイスして、自分のペースでじっくり読書を楽しんでみましょう。

■わからない文章や言葉にぶつかる

もう1つ、わからない文章（言葉）に引っかかって先に進めない、という問題があります。読書中に難しい言葉や概念に出会うと、理解が途切れてしまい、そこで立ち止まってしまうことがあります。

そういうときは、その「わからない」をそのまま放置しないこと。理解できない部分を放置してしまうと、その後の内容も十分に理解できなくなる可能性があります。また、モヤモヤした気持ちが残り、読書の楽しさも半減してしまいます。

ネットを使って「わからない」を解決するのは、現代の読書において非常に有効な方法です。スマートフォンやタブレット、パソコンを使って、すぐにオンライン辞書や百科事典で調べることができます。Ｇｏｏｇｌｅなどの検索エンジンを使えば、より詳細な解説や関連情報も見つけられるでしょう。

さらに、ＡＩを使って「わからない」を解決する方法もあります。難しい概念や表現についてＡＩに尋ねれば、わかりやすく説明してくれるでしょう。ＡＩはさまざまな角度から解説するので、自分に合った理解の仕方を見つけやすいという利点があります。本書3章には、ＡＩを使って読書を進める方法が詳しく解説されています。ぜひ参考にしてください。

それでもわからないときは、人に頼るという方法もあります。経験豊富な人や専門家の意見を聞くことで、新たな視点や深い洞察を得られることがあります。

読書仲間を作って、仲間同士で話し合いながら読書する方法もあります。これは「ブッククラブ」や「読書会」と呼ばれることもあります。同じ本を読んでいる仲間と意見を交換することで、一人では気づかなかった解釈や理解が得られます。また、難しい部分について互いに説明し合うことで、理解が深まります。もしメンバーのなかに専門家がいたら、知りたいことをどんどん話題にしていきましょう。ネットの情報などでは得られない知見が聞けるかもしれません。

読書会は、単に本の内容を理解するだけでなく、他者との交流を通じて新たな気づきを得る機会にもなります。また、定期的に読書会に参加することで、読書習慣を維持するモチベーションにもつながります。本書の5章では、読書会に参加する方法が詳しく説明されています。読書会の探し方、参加する際の心構え、そして自分で読書会を主催する方法なども紹介されています。読書をより豊かなものにするために、ぜひ読書会への参加を検討してみてください。

■ＳＮＳで読書コミュニティを作る

35ページで触れた読書仲間を作る方法の一つとして、ＳＮＳを活用する方法があります。特に、Ｘなどの短文投稿型のＳＮＳは、読書感想の共有に適しています。

Ｘでは、無料アカウントの場合、投稿は１４０字以内という制限があります。この文字数制限は、一見不便に感じるかもしれませんが、逆に簡潔で的確な感想を書く練習になります。今読んでいる本の印象的なフレーズや、心に残った場面、著者の主張に対する自分の意見など、凝縮した形で表現することを心がけましょう。

投稿する際は、「＃君の名は」のように、本のタイトルにハッシュタグ（＃）をつけることをおすすめします。このハッシュタグは、Ｘ以外のＳＮＳでも広く使われており、同じ本に興味を持つ人々をつなぐ架け橋となります。

ハッシュタグを使うことで、同じ本を読んでいる人からコメントが来る可能性が高まります。また、自分から検索機能を使って本のタイトルを入力すれば、その本について語っている人を見つけることができます。これらの方法を通じて、共通の興味を持つ読書仲間を見つけやすくなります。

ただし、ＳＮＳを通じて他の人とコミュニケーションを取る際は、いくつかのマナーを守る必要があります。

まず、相手の意見を尊重すること。文学作品の解釈は人それぞれであり、自分とは異なる見方や感想を持つ人もいます。そのような違いを認め、互いの解釈を尊重し合うことで、より豊かな読書対話になります。

次に、ネタバレには十分注意するよう心がけましょう。特に新刊や人気作品について語る際は、重要な展開や結末を明かさないよう配慮が必要です。どうしてもネタバレを含む内容を投稿する場合は、事前に警告を表示するなどの工夫をしましょう。

最後に、著作権に関する配慮も忘れてはいけません。本の内容を引用する場合は適切な範囲内にとどめ、無断で長文を転載したり、本のカバー画像などを掲載したりすることは避けましょう。

SNSを利用した読書コミュニティは、地理的な制約を超えて多様な人々と交流できる魅力があります。これらのマナーを意識しながら、積極的に感想を共有し、他の読者と対話することで、読書がより楽しめるようになるでしょう。SNSを通じて得られた新たな視点や解釈は、あなたの読書体験をさらに深めてくれるはずです。

読書する習慣を身につける

これまでに紹介したさまざまな読書法や工夫を試してみた上で、さらに読書力をパワーアップさせるために重要なのが、読書の習慣化です。日々の生活の中に読書を自然に組み込むことで、継続的な成長と学びが可能になります。習慣化するのに必要なのは、仕組み作りです。ただ「読書しよう」と思うだけでは長続きしません。自分の生活リズムに合わせて、無理なく続けられる仕組みを作りましょう。ここでは、『「やりたいこと」も「やるべきこと」も全部できる！続ける思考』（井上新八）※2を参考に、習慣化のコツをいくつかご紹介します。

■小さい目標を立てる

そのコツの1つは、なるべく目標を小さくすること。たとえば、「毎日1ページだけ読む」というような、とても簡単で達成しやすい目標を設定します。これは一見、あまりにも小さな目標に思えるかもしれません。しかし、この小さな目標には大きな意味があります。「たった1ページなら」という思いが、どんなに忙しい日でも実行に移しやすくさせるのです。また、毎日同じ時間に1ページ読むという行為は、脳に「読書の時間」という明確な信号を送ることになり、習慣の形成が促進されます。

さらに、小さな目標を毎日達成することで得られる成功体験は、自信と継続する力を育みます。この積み重ねが、長期的な習慣形成の基盤となるのです。1ページ読み始めると、そこから興味が湧いてさらに読み進めたくなるかもしれません。結果として、当初設定した目標以上に読書が進むこともあります。

このように、一見些細に思える小さな目標設定は、実は習慣化の第一歩として非常に効果的な戦略なのです。読書の習慣を身につけるプロセスにおいて、この小さな一歩の重要性は決して軽視できません。

■定着している日課と組み合わせる

2つめのコツは、すでに定着している日課と組み合わせること。私たちの日常生活には、すでに多くの習慣が組み込まれています。これらの既存の習慣に読書を紐づけることで、新たな習慣を形成しやすくなります。

たとえば、毎朝食事をとる習慣がある人は、食卓に本を置いておくというシンプルな仕掛けが有効です。朝食の準備をしながら、あるいはコーヒーを飲みながら、自然と目に入る本を手に取る機会が増えるでしょう。そして、その〝ついで〟に1ページだけ読むことは、さほど難しいことではないでしょう。

ここで重要なのは、「これを必ずやらなければならない」という強迫観念ではなく、「ついでにやっておこうか」という気軽な姿勢です。この気軽さこそが、長期的な習慣形成の鍵となります。無理なく自然に、日々の生活の流れの中で読書を行うことができれば、それはもはや苦痛でも義務でもなく、生活の一部となるのです。

■継続日数を記録する

3つめのコツは、記録をつけることです。特に、継続日数を記録することは非常に効果的です。

継続日数を記録することには、複数の利点があります。まず、自分の努力が目に見える形で蓄積されていくことで、達成感や満足感を得られます。日々の小さな積み重ねが、時間とともに大きな成果となっていく様子を視覚的に確認できるのです。

また、長期間続けてきた習慣をやめるには相当の勇気が必要です。たとえば、100日間連続で読書を続けてきた記録があれば、101日目に「今日はやめておこう」と決断することは難しくなります。これまでの努力や成果を無駄にしたくないという気持ちが、継続の原動力となるのです。

記録をつける方法はさまざまです。シンプルなカレンダーに印をつけるだけでも十分効果的ですし、専用のアプリを使用するのも良いでしょう。あるいは、読書日記のように、読んだ内容や感想も併せて記録していくのも有意義です。どの方法を選ぶにせよ、自分にとって続けやすく、モチベーションを維持できる方法を選ぶことが大切です。

記録をつけることで、自分の読書傾向や進歩も把握しやすくなります。たとえば、どのような時間帯に読書しやすいか、どのジャンルの本を多く読んでいるかなど、自分の読書パターンが見えてくるでしょう。この自己理解は、より効果的な読書習慣の確立につながります。

さらに、記録は困難な時期を乗り越える助けにもなります。読書のペースが落ちたり、モチベーションが下がったりしたときに、これまでの継続の軌跡を振り返ることで、再び前向きな気持ちを取り戻せる可能性があります。

このように、継続日数を含めた読書の記録をつけることは、単なる数字の羅列以上の意味を持ちます。それは自己との約束であり、成長の証であり、そして新たな挑戦への原動力となるのです。読書習慣を確立し、維持していく上で、記録をつけるという小さな行為が、予想以上に大きな影響を与えることを覚えておきましょう。

■習慣化アプリを使う

読書習慣を確立し維持するための強力なツールとして、習慣化アプリの活用が挙げられます。スマートフォンの普及により、多様な習慣化アプリが開発され、容易にアクセスできるようになりました。これらのアプリは、読書習慣の形成を支援し、モチベーションを維持するのに役立ちます。

習慣化アプリの多くは、目標設定、進捗追跡、リマインダー機能など、習慣形成に必要な要素を備えています。読書に特化したものもあれば、あらゆる種類の習慣に対応できる汎用的なものもあります。ここでは、読書習慣の確立に役立つ代表的なアプリをいくつか紹介します。

継続する技術（iPhone/Android対応）

その名の通り、習慣形成に焦点を当てたシンプルで効果的なアプリです。特に一つの習慣に集中して取り組みたい人におすすめします。このアプリの最大の特徴は、そのシンプルさでしょう。カレンダー形式のインターフェースを

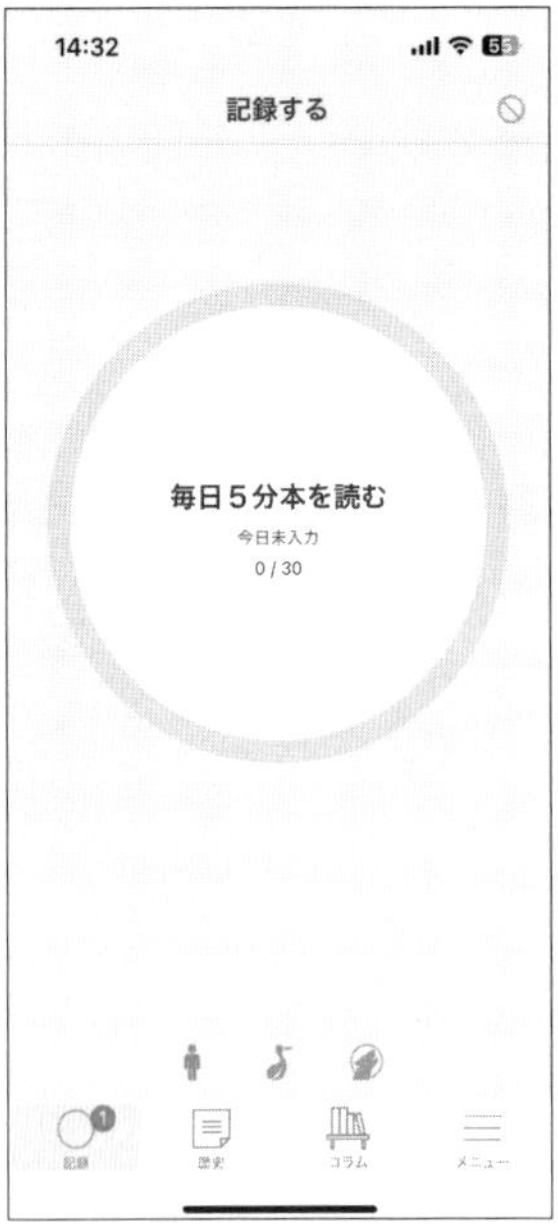

「継続する技術」アプリの画面。シンプルなインターフェースで使いやすい

採用しており、習慣の達成状況を一目で確認できるようになっています。日々の取り組みが視覚的に表現されるため、継続の励みになるでしょう。リマインダー機能も備えていて、指定した時間に通知を設定できるため、忙しい日常の中で習慣を忘れてしまうリスクが減らせます。この機能は、新しい習慣を生活に組み込む初期段階で特に有用です。

Habitify（iPhone/Android対応）

身につけたい習慣を管理・サポートするアプリです。無料版と有料版があり、無料版の場合、習慣を3つまで登録できます。アプリを開き、身につけたい習慣を登録すると、繰り返し頻度や目標、時間帯などが設定できます。たとえば「本を読む」という目標に対し、「毎日、一週間続ける、時間帯は夜8時」と設定すると、その時間になったら通知が届きます。本を読んだら、「本を読む」の「完了」をタップすると、進捗画面に反映されます。このアプリはAppleWatchにも対応しているため、スマートフォンがなくても手軽に記録できるのが魅力。ウィジェットにも対応しているため、アプリを起動する手間がかからないのも嬉しいポイントです。

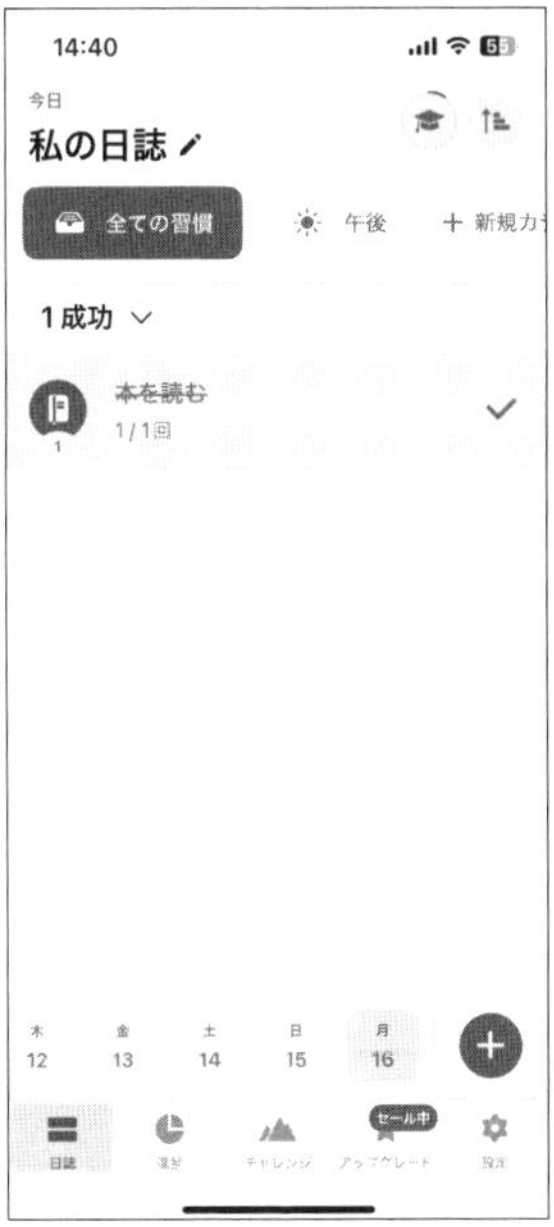

「Habitify」アプリの画面。無料版は3つまで登録できる

みんチャレ（iPhone/Android対応、無料）

コミュニティ主導型の習慣形成支援アプリです。ユーザーは同じ目標を持つ5人の見知らぬ人々とチームを組み、チャット機能を通じて互いに励まし合いながら目標達成を目指します。この仕組みにより、個人の努力だけでなく、グループの相乗効果を活用した習慣形成が可能になります。たとえば、「毎日30分読書」や「月に3冊読破」といったチームに参加することで、読書の習慣化と同時に、読書仲間との交流も楽しむことができます。他のメンバーのおすすめ本や読書感想を共有することで、読書の幅を広げることにもつながるでしょう。

「みんチャレ」アプリの画面。SNS感覚で楽しく続けられる

1日予定表（iPhone/Android対応、無料）

1日の予定を24時間の円グラフで管理する時間管理アプリ。読書習慣を含むさまざまな習慣形成に活用できます。このアプリの最大の特徴は、円グラフを使った視覚的な時間管理。このインターフェースを採用することで、1日の時間の使い方を一目で確認できるようになっています。予定は1タップで簡単に登録でき、5分単位での設定が可能。

自動分析機能により各活動の合計時間や推移をグラフで表示できるため、読書時間の確保状況なども簡単に把握できます。プッシュ通知機能も備えており、設定した時間に通知を受け取れるので、忙しい日常の中で読書の時間を逃さないようサポートしてくれます。日記機能や目標設定機能を活用すれば、読書の感想や目標を記録することでより習慣化しやすくなるでしょう。基本機能は無料で利用可能なので、時間管理に興味がある人は使ってみてください。

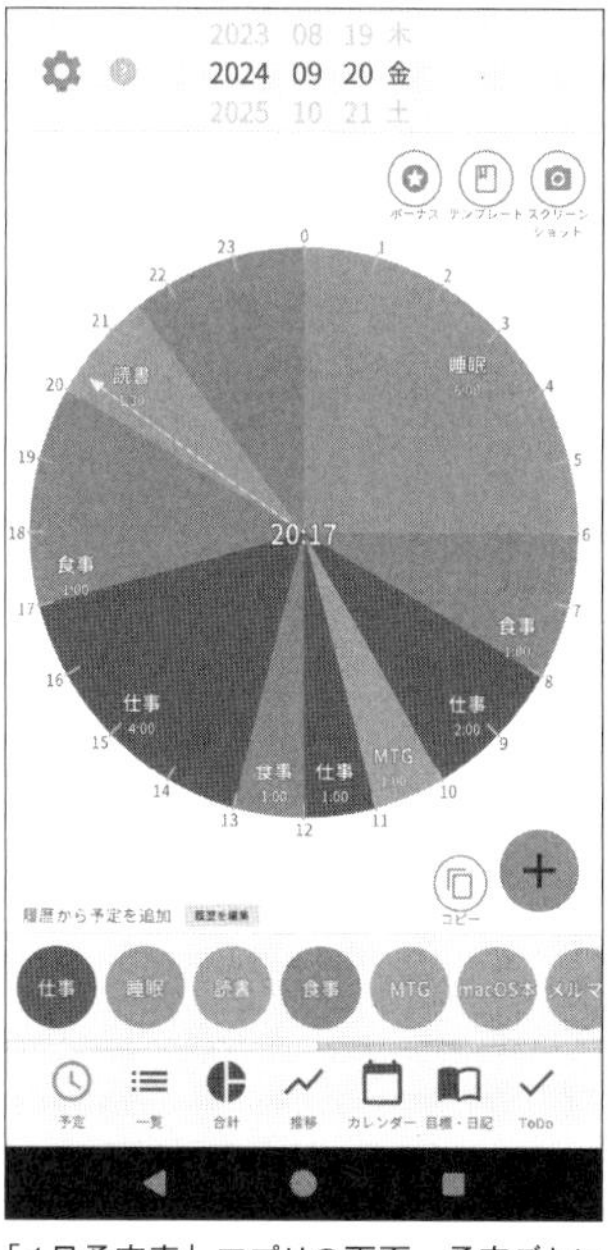

「1日予定表」アプリの画面。予定ごとに色分けされているため、一目で確認できる

これらのアプリを活用することで、効率的に読書習慣を身につけられるようになるかもしれません。ここで紹介したアプリを含め、複数のアプリを試してみてはいかがでしょうか。

「しっかり読む」という呪いから自らを解き放つ

多くの人が、読書に対して不必要なプレッシャーを感じています。「本は最後まで読み切らなければならない」「読んだ内容はすべて覚えておくべきだ」といった考えに縛られていないでしょうか。しかし、これらの思い込みは、実は読書の楽しさや効果を損なう「呪い」のようなものかもしれません。

■読書を楽しめない「呪い」とは

まず、本を最後まで読み通さなければならないという考えについて考えてみましょう。確かに、物語や論旨を完全に理解するためには、最後まで読むことが理想的です。しかし、すべての本がその限りではありません。自分に必要な部分だけを読むことで十分な本もあります。興味が持てない本や、自分のニーズに合わない本を無理に読み続けることは、貴重な時間の浪費になりかねません。

読んだ内容をすべて記憶しなければならないという考えも、多くの人を悩ませています。しかし、人間の記憶力には限界があり、読んだ内容のすべてを完璧に覚えることは不可能です。そもそも、そのような完璧な記憶は必要なのでしょうか。重要なのは、本から得た知識や洞察を自分の思考や行動に活かすことであり、細部まで暗記することではありません。

実のところ、このような「しっかり読む」という呪いから解放されることで、読書はより自由で楽しいものになります。必要に応じて本を選び、自分のペースで読み進め、印象に残った部分や重要だと感じた箇所に注目する。そんな柔軟な読書スタイルを身につけることで、読書の質と量の両方を向上させることができるのです。

たとえば、目次や索引を活用して必要な情報だけを探し出す「拾い読み」も有効な読書法の一つです。また、興味のある章だけを集中的に読む「つまみ読み」も、時間の制約がある中で効率的に知識を得るための方法として推奨されます。

さらに、読んだ内容をすべて覚えようとするのではなく、自分なりの解釈や感想を持つことに重点を置くのも良いでしょう。それによって、本の内容と自分の経験や知識を結びつけ、より深い理解と長期的な記憶につながる可能性があります。

■速読を利用する

「しっかり読む」という呪いから解放されることで、読書はより身近で楽しいものになります。本を道具として自由に使いこなし、自分のニーズや興味に合わせて柔軟に読書スタイルを変えていく。そんな姿勢を身につけることで、読書がより効果的で充実したものになるでしょう。

たとえば、速読でさっと読むという方法があります。速読とは、通常の読書速度よりも速いペースで文章を読む技術。情報処理の効率を高め、短時間でより多くの内容を吸収することを目的としています。多くの人は1分間に200～400単語程度を読むと言われていますが、速読技術を習得した人は1分間に1000単語以上を読むこともあります。

速読に対して「内容を十分に理解できないのではないか」という懸念を抱く人もいますが、それは誤解です。適切に行われる速読は、理解度を損なうことなく読書速度を向上させることができます。

実際、速読は単に目を素早く動かすだけではありません。効果的な速読は、集中力を高め、不要な情報をフィルタリングし、重要なポイントに素早くアクセスする能力を向上させます。これにより、むしろ理解度が向上する場合もあります。

速読の技術を習得するには、いくつかの効果的な方法があります。まず、指やペンを使って文章をなぞりながら読む方法があります。これは、目の動きをガイドし、集中力を高めるのに役立ちます。また、不必要にすでに読んだ部分に戻ってしまう「逆行」を減らす効果もあります。

次に重要なのは、周辺視野の活用です。中心視野だけでなく、周辺視野も使って文章を捉えることで、一度に処理できる情報量を増やすことができます。この技術を磨くことで、一行や一段落を一瞬で把握する能力が身につきます。

サブボカリゼーション（頭の中で声に出して読むような読み方）を減らすことも、読書速度の向上に大きく貢献します。黙読の練習を重ねることで、この習慣を改善し、より速く読めるようになります。

また、スキミングとスキャニングを効果的に活用することも重要です。スキミングは全体を素早く見渡す技術、スキャニングは特定の情報を探す技術です。これらを組み合わせることで、効率的に必要な情報を抽出できます。目次、見出し、太字の部分などに注目し、本の構造や主要なポイントを素早く把握する練習をしましょう。

速読には高度な集中力が必要です。そのため、静かな環境を整え、読書に集中できる時間を確保することが大切です。同時に、定期的に休憩を取ることで、長時間の集中力を維持することができます。

速読後には、読んだ本の内容を自分の言葉でまとめてみると良いでしょう。これにより、理解度を確認し、必要に応じて重要な部分を見直すことができます。この習慣は、速読の効果を最大限に引き出すのに役立ちます。

速読の技術を身につける際は、段階的にアプローチすることが重要です。いきなり高速で読もうとせず、自分の快適なペースから始め、徐々に挑戦的な速度に挑戦していきましょう。このように段階的に速度を上げていくことで、無理なく着実に速読の技術を向上させることができます。

これらの方法やコツを意識しながら、日々の読書に取り入れていくことで、徐々に読書速度と効率が向上していくでしょう。ただし、すべての文章を速読する必要はないことを覚えておきましょう。文章の種類や読書の目的に応じて、適切な読み方を選択してください。詩や小説のような文学作品を味わう際には、ゆっくりと丁寧に読むことも必要です。速読は、多くの情報を効率的に処理する必要がある場合に特に有効な技術なのです。

■複数の本を平行して読む

読書に熱心な人や知的好奇心の強い人にとって、同時に複数の本に興味を持つことはよくあることです。書店や図書館で次々と気になる本を見つけたり、友人からの推薦や話題の新刊があったりするなど、読みたい本のリストはどんどん長くなっていきがちです。そんなとき、「一冊ずつ順番に読まなければならない」という固定観念にとらわれる必要はありません。実は、複数の本を並行して読むことは、多くの利点をもたらす可能性があるのです。

複数の本を並行して読むことで、異なる分野や視点からの知識を同時に吸収できます。これにより、思考の幅が広がり、創造性が刺激されることがあります。また、気分や状況に応じて読む本を選べるため、読書のモチベーションを維持しやすくなります。たとえば、通勤時には軽めのエッセイを、休日にはじっくり考察が必要な専門書を、就寝前にはリラックスできる小説を、といった具合に読み分けることができます。

しかし、複数の本を並行して読む際には、いくつか気をつけるべきポイントがあります。

まず、読んでいる本の内容を混同しないよう注意が必要です。特に類似したテーマや分野の本を同時に読む場合は、それぞれの本の主張や論点を明確に区別するよう意識しましょう。メモを取ったり、読書ノートをつけたりすることで、各本の内容を整理しやすくなります。

次に、どの本もなかなか読了に至らず、中途半端な状態が続くことを避けるため、ある程度の計画性を持つことが重要です。たとえば、並行して読む本の数に上限を設けたり、各本の読了目標日を設定したりするのも一つの方法です。また、本の難易度や長さのバランスを考慮し、重厚な専門書と軽めのエッセイを組み合わせるなど、読書の負担が偏らないよう工夫するのも良いでしょう。

さらに、各本に触れる頻度にも注意を払いましょう。長期間手をつけていない本があると、前回読んだ内容を忘れてしまい、再度最初から読み直さなければならなくなります。定期的に各本を読み進める習慣をつけることで、このような非効率を避けることができます。

また、並行読書は集中力の分散を招く可能性があります。そのため、一度に読む時間を決めて、その間は一冊に集中するなど、メリハリをつけた読書スタイルを心がけましょう。これにより、各本の内容をより深く理解し、吸収することができます。

最後に、並行読書を始めたからといって、すべての本を最後まで読まなければならないというプレッシャーを感じる必要はありません。読み進め

るうちに興味が薄れた本や、期待していた内容と異なっていた本は、途中で読むのをやめても構いません。読書の目的は知識の獲得や楽しみを得ることであり、無理に読了することではないからです。

複数の本を並行して読むことは、柔軟で豊かな読書体験をもたらす可能性があります。自分のペースや興味、生活リズムに合わせて、最適な読書スタイルを見つけていくことが大切です。並行読書を試みる際は、これらのポイントを意識しながら、自分にとって最も効果的で楽しい読書方法を探求してみてください。

第2章

読書前の準備

第2章 読書前の準備

目的にあった本を選択する

読書は知識を広げ、想像力を豊かにし、新しい視点を得るのに役立ちます。しかし現代は膨大な数の本が出版されているため、その中から自分に合った本を選ぶことは容易ではありません。この章では、目的に合った本を効率的に選ぶための方法を紹介します。

■読書の目的を明確化する

本を選ぶときには、まず自分の読書目的を明確にしましょう。たとえば「プログラミングを学ぶ本がほしい」という目的があっても、それだけだと漠然としすぎて本を絞り込むことができません。ニーズに合った本を見つけるためには、もう少し具体的な目的をイメージしておく必要があります。

プログラミングに関する本を探す場合、次のような具体的な目的が考えられます。

- プログラミングの基本的な考え方や概念を理解したい
- Ｐｙｔｈｏｎの基礎文法を学びたい
- 機械学習のためのＰｙｔｈｏｎライブラリの使い方を習得したい
- ウェブアプリケーション開発のためのＪａｖａＳｃｒｉｐｔフレームワークを学びたい
- アルゴリズムとデータ構造の知識を深めたい

目的を具体化することで、本の内容、難易度、焦点となるトピックなどをより明確に絞り込むことができます。結果として、自分のニーズに合った本を見つけやすくなるでしょう。

読書の目的は必ずしも一つである必要はありません。たとえば、「英語の多読のためにペーパーバックの推理小説を読みたい」という目的は、語学学習と娯楽を兼ねています。このように、複数の目的を組み合わせることで、より自分にあった本を選ぶことができます。

目的を明確にする過程で、自分の現在の知識レベルや、どの程度深く学びたいかについても考えてみましょう。初心者向けの入門書が必要なのか、それとも既存の知識を深めるための専門書が適しているのか、自分の気持ちを確かめることが大切です。

読書の目的を具体的に設定することは、本選びの第一歩であると同時に、自己理解を深める機会でもあります。自分が何を求めているのか、どのような知識やスキルを身につけたいのかを明確にすることで、より充実した読書体験につながるでしょう。

■ＡＩを使った本の検索テクニック

ＡＩを使って本を探せば、よりパーソナライズされた本を見つけることができます。

その際、たとえば「人工知能について学びたい」というように、自分の興味のある分野や主題を明確に伝える必要があります。次に、自分の読書レベルを指定します。初心者なのか、ある程度の知識がある中級者なのか、それとも専門的な内容を求める上級者なのかを明確にすることで、より適切な推薦を受けられます。

好みの文体や本の長さについても言及しておきましょう。「簡潔な文体で書かれた３００ページ程度の本が好みです」というように具体的な希望を伝えることで、自分に合った本を見つけやすくなります。もし以前読んで気に入った類似本があれば、それらを参考例として挙げることも効果的です。

たとえば、ＡＩに次のような質問を投げかけてみると、希望にあった本が提示されます。

例：「私は人工知能について学びたいと思っています。コンピューターサイエンスの基礎知識はありますが、ＡＩについては初心者です。数学的な内容が少なめで、実際のＡＩ応用例が豊富な入門書を推薦してください」

文学作品を探す場合は、「最近、村上春樹の『海辺のカフカ』を読んで感動しました。似たような雰囲気の、現代日本文学の小説を推薦してください。その際、村上春樹の作品は除外してください」といった指示が効果的です。

このように、生成ＡＩを使って本を探す場合、できるだけ具体的な情報を提供することが重要です。興味、経験レベル、好みについて詳細に説明すればするほど、ＡＩはより適切な本を推薦できるでしょう。

ただし、ＡＩの推薦はあくまでも参考情報であるため、それだけで本を選ぶのはあまりおすすめしません。最終的な選択は自分自身で行うようにしましょう。可能であれば、図書館や本屋に足を運び、少し内容を読んでみることをおすすめします。Ａｍａｚｏｎ、楽天ブックス、ｈｏｎｔｏなどのオンライン書店で本の試し読みサービスを提供していることもあります。

■レビューやレコメンドの活用

オンライン書店は、本を購入するだけでなく、本を探すツールとしても便利に使えます。これらのプラットフォームには、レコメンド機能やカスタマーレビューなど、本を選ぶうえで必要な情報が提供されているからです。

レコメンド機能を効果的に活用するためには、まず興味のある本を探すところから始めましょう。いくつか本を検索すると、その閲覧履歴を基に、関連する本がレコメンドされます。

たとえばＡｍａｚｏｎの場合、「あなたにおすすめの本」や「読書履歴に基づくおすすめ」という項目を確認すれば、過去の購入履歴や閲覧履歴を基にレコメンドが表示されます。

気になる本を検索すると、関連する本をレコメンドするサービスもあります。

たとえばAmazonの場合、気になる本を検索し、そのページの下にある「この商品をチェックした人はこんな商品もチェックしています」や「この商品に関連する商品」という項目を確認すれば、類似の興味を持つ読者が選んだ本を参考にできます。

カスタマーレビューは他の読者の意見を知る貴重な情報源ですが、活用する際はいくつかの点に注意が必要です。

Amazonのトップページ下には「あなたにおすすめの本」「読書履歴に基づくおすすめ」が表示される

Amazonの個別製品ページ下には、「この商品に関する商品」「その商品をチェックした人はこんな商品もチェックしています」が表示される

まず、評価の分布を確認しましょう。平均評価だけでなく、評価の分布も重要です。意見が分かれている本は、賛否両論のある内容かもしれません。

また、詳細なレビューを重視することが大切です。単なる感想ではなく、具体的な内容や長所短所を述べているレビューに注目しましょう。批判的なレビューも読むことで、その本の潜在的な欠点や自分に合わないポイントを事前に把握できます。

■本選びに図書館と書店を活用する

オンラインでの本選びに加えて、実際に図書館や書店に足を運ぶことも、目的に合った本を見つける効果的な方法です。物理的に本に触れることで、オンラインでは得られない情報や感覚を得ることができます。

図書館では、専門知識を持つ司書に相談することで、自分の目的に合った本や、思いもよらなかった本を紹介してもらえる可能性があります。目的の本の周辺にある関連書籍をブラウジングすることで、より適切な本や補完的な本を見つけられることもあります。

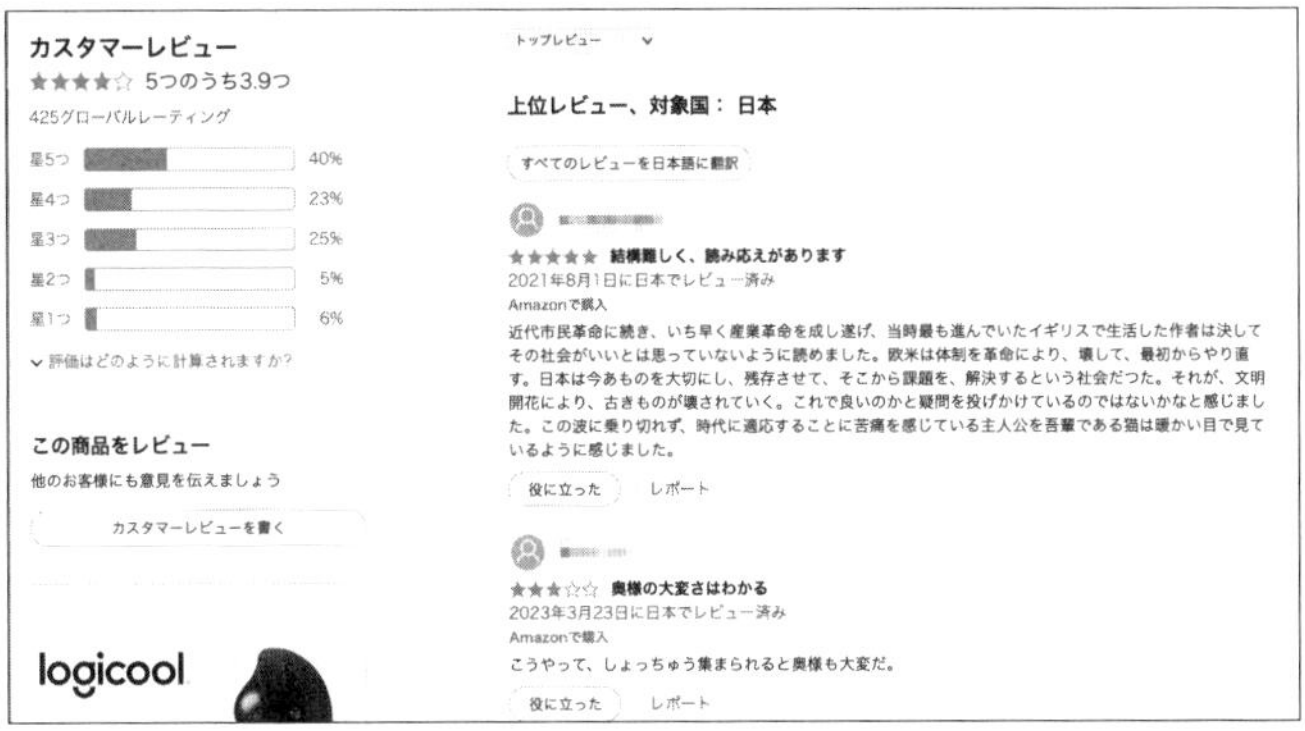

Amazonのレビューの例。左の「カスタマーレビュー」を見ると評価の分布が確認できる

書店では、平積みコーナーをチェックすることで最新のトレンドを知ることができます。ここには話題の本や店員おすすめの本が並んでいることが多いためです。実際に数ページを立ち読みすることで、文体や内容のレベルが自分に合っているかを確認できるのも、書店ならではの利点です。さらに、本に関する豊富な知識を持つ書店員に相談すれば、適切な本を推薦してもらえる可能性もあります。

図書館と書店を組み合わせて活用するのも効果的です。たとえば、図書館で借りた本を読んでみて、本当に自分に合っていると感じたら購入するという方法があります。この方法を採用すると、無駄な出費を抑えつつじっくりと本を選ぶことができます。逆に、書店でいい本を見つけたがすぐには購入したくないというときは、図書館で借りることができないか確認するのも一案です。最近はインターネットで蔵書リストを公開している図書館が増えています。こういったサービスを活用すれば、図書館に足を運ばなくても本が借りられるかどうかを確認することができます。

図書館や書店で読書会や著者のトークイベントが開催されていたら、それに参加するのもよいかもしれません。イベントを通じて本の内容や著者の意図をより深く理解でき、自分に合った本かどうかの判断材料を得られます。

これらの方法を通じて、オンラインだけでは得られない「本の質感」や「その本が持つ雰囲気」を直接感じ取ることができます。また、思いがけない本との出会いも期待できるでしょう。図書館や書店という物理的な空間での本との触れ合いが、より豊かな読書生活への扉を開いてくれるかもしれません。

Column

書評サイトを活用する

本選びに悩んだときは、書評サイトを参考にしましょう。これらのサービスには、本を読んだユーザーのレビューが掲載されています。サービスを利用する際は、単に人気や評価の高い本を選ぶのではなく、レビューの内容をよく読み、自分の興味や目的に合っているかを判断しましょう。レコメンドやクチコミに加え、こういった情報源を組み合わせることで、よりバランスの取れた視点で本が選べるようになります。

読書メーター（https://bookmeter.com/）
ユーザーによる読書記録と感想の共有プラットフォーム。幅広いジャンルの本について、一般読者の率直な意見を知ることができます。

ブクログ（https://booklog.jp/）
読書記録と書評の共有サイト。ユーザーのブックマーク機能を使って、人気の本や注目の新刊を探すことができます。

「読書メーター」のトップページ。画面上の検索ボックスに本のタイトルを入れると、その本の感想やレビューが表示される

デジタルvs紙
電子書籍と紙の本の特徴を比較する

ＩＴ技術の発展により、私たちの読書スタイルは大きく変化しました。従来の紙の本に加えて、電子書籍が広く普及し、読者は自分のライフスタイルや好みに合わせて選択できるようになりました。ここでは、電子書籍と紙の本それぞれの特徴を比較しながら、そのメリットについて詳しく見ていきましょう。

■電子書籍と紙の本のメリット・デメリット

電子書籍の最大の利点の一つは、その優れた携帯性です。スマートフォンやタブレット、電子書籍リーダーさえあれば、数百、数千冊もの本を持ち歩くことができます。物理的な収納スペースを必要としないため、本棚も必要ありません。

一方、紙の本は電子書籍ほどの携帯性はありませんが、お気に入りの本を持ち歩くことで、その重さや質感を通じて本との物理的なつながりを感じられます。また、本棚に並んだ紙の本は、インテリアとしての役割も果たし、部屋に温かみや知的な雰囲気をもたらします。

読書体験の質

紙の本の支持者がよく挙げるのが、触感や匂い、ページをめくる音など身体感覚を伴った読書体験です。これらの要素があってこそ、読書に没入できるという人も多いでしょう。紙の本は目への負担が比較的少なく、長時間の読書でも疲れにくいという利点もあります。

電子書籍の場合、デバイスの画面を通しての読書となるため、紙の本とは違った読書体験となります。発光している画面を見続けるため、目への負担は大きく、長時間の読書には適していません。しかし、文字サイズや行間の調整、背景色の変更などを工夫することで、読者の好みや視力に合わせてカスタマイズすることができます。

機能性と利便性

電子書籍はデジタルデータなので、さまざまな便利機能が使えます。たとえば本文の検索機能は、必要な情報をすぐに見つけ出すのに役立ちます。また、辞書との連携機能により、知らない単語をその場で調べられるのも便利です。さらに、ハイライトやメモ機能を使えば、読書ノートを簡単に作成でき、あとで見返すときにも便利です。

紙の本の場合、こうした機能は使えません。しかし、ページの端に書き込みをしたり、付箋を貼ったりと、物理的な方法で自分なりのマークを付けられます。これらの行為自体が、内容の理解や記憶の定着に役立つという研究結果もあります。

集中力と理解度

紙の本は、一冊を最初から最後まで読むのに適しており、じっくりと内容に向き合うことができます。物理的な本を手に取ることで読書モードにスイッチが入りやすく、集中力を保ちやすいのかもしれません。また、ページをめくる行為や、読み進めた実感が視覚的にわかることが、達成感につながり、読書のモチベーション維持に役立つ可能性があります。

電子書籍の場合、デバイス上で複数の本を行き来したり、他のアプリを使用したりすることが容易なため、集中力が散漫になりやすいという指摘もあります。しかし見方を変えれば、複数の情報源を同時に参照しながら読めるという利点にもなります。たとえば、学術的な文献を読む際に、関連する他の論文や資料をすぐに確認できるのは、電子書籍の強みです。

価格と入手のしやすさ

電子書籍は、一般的に紙の本よりも安価で提供されることが多く、経済的な選択肢となります。また、オンラインで購入してすぐにダウンロードできるため、欲しい本をその場で入手できるという即時性も魅力です。さらに、著作権の切れた古典作品などは、無料で入手できることも多いです。

紙の本は、電子書籍に比べると価格が高めになる傾向がありますが、中古本を活用することで経済的な負担を減らすこともできます。また、図書館で借りることもできるため、さまざまな本に触れる機会が得やすいという利点もあります。

長期保存と所有感

紙の本は、適切に保管すれば何十年、何百年と保存することができ、世代を超えて受け継ぐことも可能です。また、物理的に本を所有することで得られる満足感や安心感は、紙の本ならではのものでしょう。

電子書籍の場合、デバイスやファイル形式の変更、サービスの終了などにより、将来的にアクセスできなくなるリスクがあります。しかし、クラウドサービスの発達により、複数のデバイス間で本を同期できたり、紛失のリスクが低くなったりするなど、デジタルの利点も多くあります。

本書ではＡＩを使った読書術を紹介するため、このあとの解説では基本的に電子書籍を採用していますが、紙の本でも応用できるものもあります。読書が楽しめるように、ご自身が読みやすい媒体を選んでください。

5分で把握
AI要約で本の全体像をつかむ

分厚い本を読破するのは、多くの人にとって大きな挑戦です。その際、本を読む前にある程度内容を把握しておくと、最初に越えなければならないハードルが下がるうえ、理解度が深まります。また、内容への興味が喚起され、本を読む意欲が刺激されるというメリットもあります。ここでは、要約を読む方法と、そのメリットについて説明します。

■本の要約を読む方法

本の内容をあらかじめ知る方法は、いくつかあります。本屋にいってパラパラとページをめくるのも、そのひとつ。本の目次を見るだけでも、だいたいの内容はわかります。本の通販サイトで購入する場合、パラパラとページをめくることはできませんが、なかには立ち読み版が公開されているものもあります。また本のデータベースを見れば、目次がわかります。

最近は本を要約するサービスも出てきています。要約サービスの一例として、日本市場で注目を集めている「ｆｌｉｅｒ（フライヤー）」があります。ｆｌｉｅｒは、自己啓発や政治・経済などビジネス系の幅広いジャンルの本の要約を提供しています。プロの編集者とＡＩ技術を組み合わせた高品質な要約や、音声版の提供、著者プロフィールや関連書籍の紹介など、充実したコンテンツが特徴です。

しかし、こういったサービスの場合、取り扱われている本が限られていることがあります。自分が読みたい本の要約が見つからないときは、ＡＩ技術を活用しましょう。それにより、多様な本の要約を作成することができます。ＡＩは世界中の本に関する膨大なデータを学習しているため、さまざまなジャンルの作品について要約を生成することができます。また、与えられた指示（プロンプト）に基づいて柔軟に対応できるため、目的に応じた要約を作成することができます。

flierのトップ画面。料金プランは２つあり、月額550円のシルバープランは月５冊まで、月額2200円のゴールドプランは月3600冊以上の要約が読める

■AIを使って要約を作成する

ＡＩを使って要約を作成する際は、適切な指示を与えることが重要です。たとえば、「〇〇の要約を５００字以内で作成してください。著者の主な主張、本の構造、重要な概念、結論を含めてください」というプロンプトを使えば、本の全体像を把握するのに適した要約が得られます。目的に応じてプロンプトを調整することで、より具体的な要約や批判的分析を含む要約なども作成できます。この下に３つの目的別指示の例を挙げておきます。

ＡＩが作成した要約の意味がわかりにくい場合もあります。そのようなと

【基本的な要約指示】
以下の点を含めて[本のタイトル]の要約を作成してください。
・著者の主な主張
・本の構造（章立てなど）
・重要な概念や理論
・結論や示唆
要約は500字以内でお願いします。

【特定の観点に焦点を当てた要約指示】
以下の点に注意して[本のタイトル]をビジネス戦略の観点から要約してください。
・著者が提案する主要な戦略
・具体的な事例や成功例
・戦略実施における注意点
要約は3つの段落に分け、各段落で一つの重要なポイントを説明してください。

【批判的思考を促す要約指示】
[本のタイトル]の要約を作成し、さらに以下の点について分析してください。
・著者の主張の強み
・主張の潜在的な弱点や批判点
・この本の主張に対する代替的な見方
要約と分析を合わせて800字以内でお願いします。

きは、以下の方法を試してみるとよいでしょう。まず、わかりにくい部分を特定し、その箇所についてＡＩに詳細な説明を求めます。たとえば、「〇〇という部分の意味がよくわかりません。もう少し詳しく説明してください」というように質問します。また、簡単な例を挙げて説明するようＡＩに依頼してみてもよいでしょう。要約を別の言葉で言い換えるよう指示すると、異なる角度から内容を理解できるかもしれません。

要約を読むうえで気をつけること

ＡＩが作成した要約の正確性を確認するためには、いくつかの方法があります。まず、可能であれば原著の目次や章の冒頭、結論部分をチェックし、要約の内容と一致しているかを確認しましょう。

また、同じ本について異なるＡＩシステムや異なるプロンプトで要約を生成し、内容を比較することも有効です。共通する要点があれば正確である可能性が高いと言えます。

さらに、専門家や信頼できる読者によるレビューと要約を比較し、主要なポイントが一致しているかを確認するのも良い方法です。その際、著者の他の著作や講演内容と要約を比較し、主張や考え方に一貫性があるかを確認するという方法もあります。要約に含まれる具体的な事実や統計データについては、信頼できる外部ソースで確認するようにしましょう。

正確性を確かめたうえで要約を読む際も、注意は必要です。要約だけでは本の詳細な議論や微妙なニュアンスを見逃す可能性があり、批判的思考の機会が減少してしまう恐れもあります。特にＡＩ要約の場合、誤解や不正確な要約が含まれる可能性も否定できません。

要約はあくまでも本文を読む前の準備や補助ツールとして活用し、要約と本文の読解をバランスよく組み合わせることが重要です。そうすることで、効率的かつ正確に本の内容を理解することができるでしょう。

【質問例】

『日本人が学ぶべき 西洋哲学入門 なぜ、彼らはそう考えるのか?』（ジェイソン・モーガン）の要約を100字で作成してください。

【Claudeの回答例】

この本は、西洋哲学の主要な思想を日本人の視点から解説し、東西の思想の違いを明らかにします。プラトンからニーチェまでの哲学者の考えを、日本文化との比較を通じてわかりやすく紹介しています。

【ChatGPTの回答例】

『日本人が学ぶべき 西洋哲学入門 なぜ、彼らはそう考えるのか?』は、西洋哲学の主要な思想や歴史的背景を、日本人に向けてわかりやすく解説する入門書である。著者ジェイソン・モーガンは、哲学者の思想や論理の展開を文化的・歴史的文脈と共に紹介し、西洋思想の理解を深める。

【Geminiの回答例】

西洋哲学の歴史を古代ギリシアから現代までたどり、哲学者が何を考え、なぜそう考えたのかを分かりやすく解説。宗教、科学、文化など、現代社会に深く根ざした西洋思想の本質を、歴史的背景と合わせて紐解きます。哲学初心者にも優しく、現代社会を理解するためのヒントが満載の一冊です。西洋思想の基礎を学びたい方におすすめ。

Column

AIが知っている本、知らない本の見分け方

ＡＩを活用した読書支援は便利ですが、ＡＩの知識にも限界があることを理解しておく必要があります。特に、ＡＩが学習していない新しい本や、データセットに含まれていない専門書については、正確な情報を提供できない可能性があります。

ＡＩが本の内容を「知っている」かどうかを見分けるには、いくつかのポイントに注目するとよいでしょう。まず、本の出版年を確認します。ＡＩの学習データには一定の期限があるため、最新の本については、ＡＩが詳細な情報を持っていない可能性が高くなります。ただし、近著であっても著名な本であれば知っている可能性はあるので、その場合は次の方法で確かめてください。

次に、ＡＩの回答の具体性を観察してみましょう。ＡＩが本の内容を知っている場合、具体的な登場人物名やエピソード、引用などを含む詳細な回答が得られます。逆に、曖昧で一般的な回答しか返ってこない場合は、その本の詳細を知らない可能性があります。

また、本の異なる側面について複数の質問をすることで、ＡＩの知識の一貫性を確認できます。回答に矛盾がある場合、ＡＩがその本を十分に「理解」していない可能性があります。「この本の内容についてどの程度確信がありますか」と尋ねて、ＡＩの知識を確認するという方法もあります。

ＡＩが本の内容を十分に知らないと判断した場合は、その本に関する要約や分析をＡＩに頼りすぎないよう注意しましょう。代わりに、信頼できる書評や専門家の解説を参照したり、自分で実際に本を読んで判断したりしてみることをおすすめします。

ほかにもある！ ネットで見つかる要約ツール

インターネット上には、書籍の内容を要約し、わかりやすく解説するコンテンツが数多く公開されています。特に、YouTubeやポッドキャストには本の要約や解説に特化したチャンネルが多数存在し、視覚的にも理解しやすい形で情報を提供しています。次に、本の理解を促すのに役立つYouTubeチャンネルをいくつか紹介します。

■サラタメさん

「サラタメさん」は、ビジネスマン向けの知識を提供するチャ

https://www.youtube.com/@salatame

ンネル。おすすめの書籍やニュースの解説を中心に、ビジネスに役立つ情報を発信しています。このチャンネルの特徴は、アニメーションや図解などのビジュアル要素を効果的に使用していることです。これにより、複雑な概念も直感的に理解しやすくなっています。

動画の長さは主に15分前後に設定されており、忙しいビジネスパーソンでも空き時間にさっと視聴できるようになっています。簡潔でありながら、本質的な内容を押さえた解説は、効率的に知識を吸収したい方に最適です。

■中田敦彦のYouTube大学

「中田敦彦のＹｏｕＴｕｂｅ大学」は、「学ぶって、楽しい。」をテーマに、幅広いジャンルの書籍や時事問題を解説しているチャンネルです。政治、経済、歴史、漫画、文学など、扱うトピックは多岐にわたります。

このチャンネルの特徴は、中田敦彦氏の軽妙洒脱な語り口と、わかりやすい解説、見るだけで本の内容が理解できるよう工夫されたホワイト

https://www.youtube.com/@NKTofficial

ボードでしょう。エンターテインメント性と学習効果を両立させた内容は、楽しみながら知識を得たい方におすすめです。

■サムの本解説ｃｈ

「サムの本解説ｃｈ」は、「知識で人生を豊かにする」というコンセプトのもと、主にライフハック関連の書籍を紹介しています。脳科学、心理学、栄養学、生理学などの分野から、実生活に活かせる知見を提供しています。

　このチャンネルの目標は、科学的な知見に基づく健康法を実践し、身体・メンタル・脳のパフォーマンス向上、そして人生の満足度・幸福度の向上を目指すこと。実践的なアドバイスが多いため、自己啓発や生活改善に興味がある方に特におすすめです。

https://www.youtube.com/@sam-book

第3章

生成ＡＩと一緒に読書する

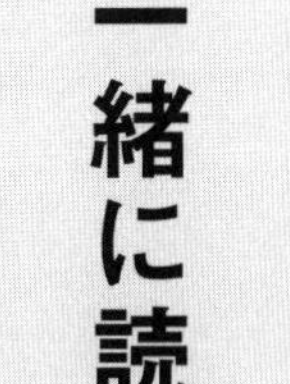

PC Kindleと AIの二刀流 最強の読書環境

62ページで電子書籍の一般的な特徴について説明しましたが、ここではその代表的なプラットフォームであるKindleに焦点を当て、特にPC版Kindleアプリの具体的な機能と使用方法について詳しく見ていきます。

■Kindleアプリを使うメリット

Kindleアプリの主な利点は、62ページで述べた電子書籍の一般的なメリットに加え、いくつかの特徴的な機能があります。

たとえば、Kindleは読書状況データがクラウドに保存されるため、家ではタブレットで本を読み、通勤電車の中ではスマートフォンでその続きを読むというように、場所や状況に適した端末を自由に選んで本を読み進められます。

Ｋｉｎｄｌｅアプリでは文字サイズを自由に調整できるという点も重要です。年齢を重ねるにつれて小さい文字が読みにくくなる傾向がありますが、この機能を使えば自分の目に合った大きさに文字を調整できます。文字を少し大きくすれば目の疲れが軽減され、より快適に長時間の読書が楽しめるでしょう。

Ｋｉｎｄｌｅアプリには辞書が内蔵されているため、読書中にわからない単語やフレーズが出てきたとき、その場で意味を調べることができます。これは、読書の流れを中断せずに理解を深めるのに役立ちます。わからない言葉をそのまま読み飛ばすのではなく、即座に意味を確認することで、より深く理解できるようになるからです。

■ＰＣ用Ｋｉｎｄｌｅアプリを使ってみよう

多くの人がスマートフォンやタブレットでＫｉｎｄｌｅアプリを利用していますが、ＰＣでもＫｉｎｄｌｅの本を読むこと

Windows版Kindleアプリの画面。書体やレイアウトなどはカスタマイズ可能

ができます。PC用のブラウザとして「Ｋｉｎｄｌｅ Ｃｌｏｕｄ Ｒｅａｄｅｒ」というＷｅｂ版も提供されていますが、ここでは専用アプリを例に解説します。

PC用Ｋｉｎｄｌｅアプリで読書をすると、読書と並行してほかの作業を行えます。たとえば、Ｋｉｎｄｌｅアプリを起動した状態でＷｅｂブラウザを開けば、読書中に疑問に思った点をすぐに検索して調べることができるでしょう。これにより、本の内容に関連する追加情報を即座に入手し、理解を深めることが可能になります。

Ｗｅｂブラウザで生成ＡＩを開いておけば、本の内容について疑問が生じた際、ＡＩに質問することで新たな視点や解釈を得られる可能性があります。これは特に、複雑な概念や抽象的な内容を扱う本を読む際に有効です。

さらに、PC用Ｋｉｎｄｌｅアプリを使用しながら別のアプリでメモを取ることもできます。読書中に気づいた点や重要だと思われる箇所を、メモアプリやノートアプリにまとめておくと、読書後の振り返りに役立つうえ、学んだ内容の定着にも役立つでしょう。

このように、PC用Ｋｉｎｄｌｅアプリを使うことで、単に本を読むだけでなく、関連情報の検索、ＡＩによる補助、効果的なメモ取りなど、多角的なアプローチで読書に取り組むことができます。これらの機能を適切に組み合わせることで、より深い理解と豊かな読書体験を得ることができるのです。

ではPC用Ｋｉｎｄｌｅアプリのインストール手順を説明します。まず、PCのブラウザを開き、Ａｍａｚｏｎの公式サイトにアクセスしてください。Ａｍａｚｏｎのアカウントを持っている場合はログインし、アカウントを持っていない場合は新規アカウントを作成します。

次に、Amazonのホームページ上部にある検索バーに「Kindleアプリ」と入力し、検索結果から「Kindle無料アプリ」というリンクをクリックします。

ダウンロードページに移動したら、「デスクトップ版はこちらから」をクリックすると、ダウンロードが始まります。これにより、PCにKindle無料アプリを直接ダウンロードすることができます。ダウンロードが完了したら、画面上のインストール指示に従ってインストールしてください。

インストールが完了したら、Kindleアプリを開きます。アプリの起動画面でAmazonのアカウント情報を入力してログインすると、ホーム画面が表示されます。

アプリ内のライブラリを開くと、過去に購入した本やダウンロードした無料の本が一覧表示されます。ここから読みたい本を探し、タイトルをダブルクリックすれば、本が開きます。

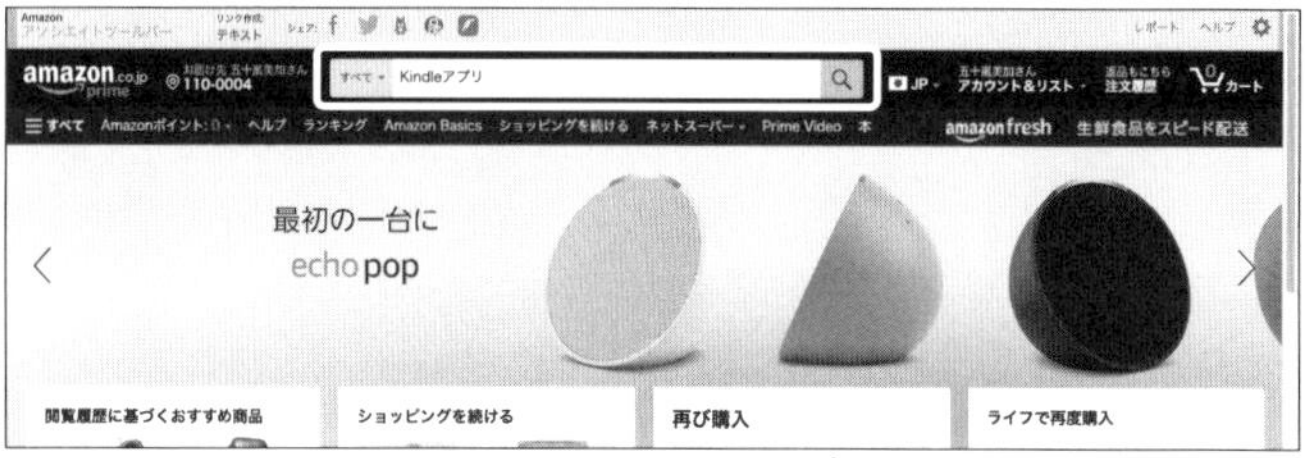

Amazonの公式サイト。検索ボックスに「Kindleアプリ」と入力して検索する

ダウンロード画面が開いたら、「デクスクトップ版はこちら」をクリック

■Kindleアプリの設定

次に、Ｋｉｎｄｌｅアプリをカスタマイズし、画面表示を読みやすくする方法を説明します。

文字が小さくて読みにくい、フォントが目に合わないという場合は、画面上の「Ａａ」アイコンをクリックし、好きなフォントとサイズを選んでください。

もし行間の幅やページ幅、色が気になるようだったら、同じ画面の「行間」「ページ幅」「カラーモード」で好みに合わせて調整してください。

■AIツールとKindleを並べて使う最強の読書環境

理解できない文章にぶつかってしまうと、そこ

Kindleアプリを起動したら、Amazonのアカウントでログインする

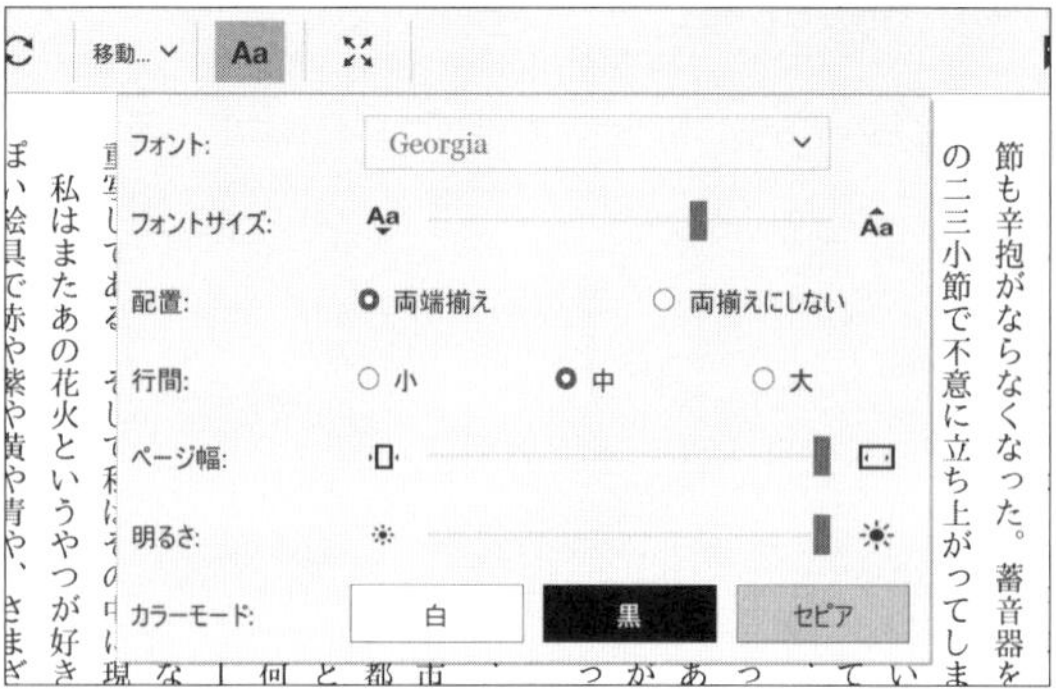

Kindleアプリの設定画面。フォントサイズや行間、ページ幅などが設定できる

から先に進めなくなることがあります。自分ひとりで考えていても内容が咀嚼できないときは、ＡＩに助けてもらいましょう。

まずＰＣやタブレットでＫｉｎｄｌｅアプリを開き、その隣にＷｅｂブラウザを開きます。ＷｅｂブラウザにはＡＩが利用できるページを表示させましょう。

Ｋｉｎｄｌｅで本を読み進めるなかで「ここがわからない」と感じた部分があれば、ＡＩにそのまま質問します。そのとき、本のタイトルや特定のフレーズを入力して質問すると、ＡＩはその内容にあった解説を提供します。

ＡＩの解説が腑に落ちたら、その内容をコピーし、Ｋｉｎｄｌｅアプリの「メモ」機能にペーストします。これにより、あとでその部分を復習したいときにすぐにアクセスできます。

■ｉＰａｄでＫｉｎｄｌｅとＡＩを同時に使う

ＰＣ用ＫｉｎｄｌｅアプリとＷｅｂブラウザを並べて使用する方法を紹

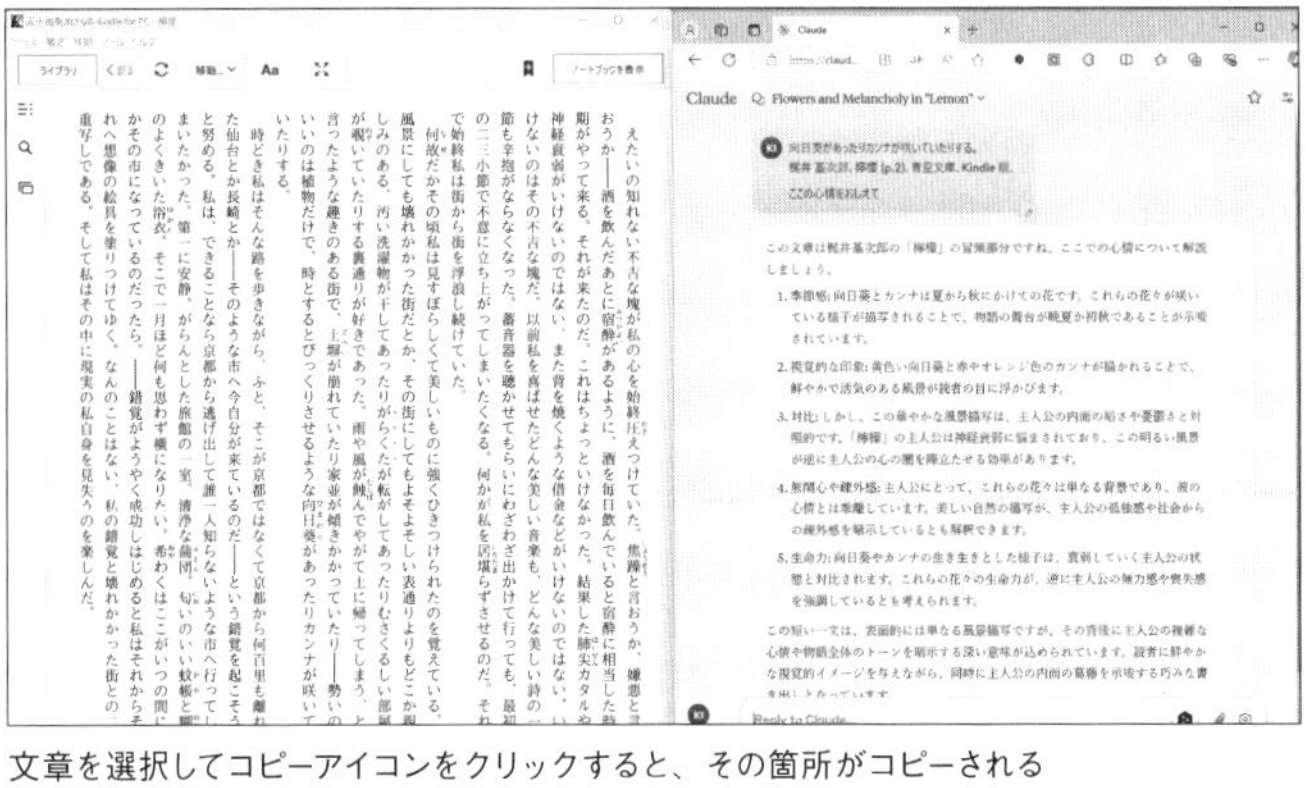

文章を選択してコピーアイコンをクリックすると、その箇所がコピーされる

介しましたが、iPadのSplit View機能を活用すれば、PC同様にKindleアプリとAIを同時に表示し、効率的に読書を進めることができます。

Split Viewとは、iPadの画面を2つに分割して、2つのアプリを同時に表示・操作できる機能のこと。この機能を使えば、Kindleアプリで本を読みながら、わからないことがあればすぐに生成AIに質問できるようになります。

設定方法は、以下の通り。

1. まず、KindleアプリとChatGPTなどのAIアプリをiPadにインストールします。
2. Kindleアプリを開き、画面上部の中央にある横線（または3点リーダー）をタップして「Split View」を選び、Dockを表示させます。
3. DockからAIアプリのアイコンを長押しし、

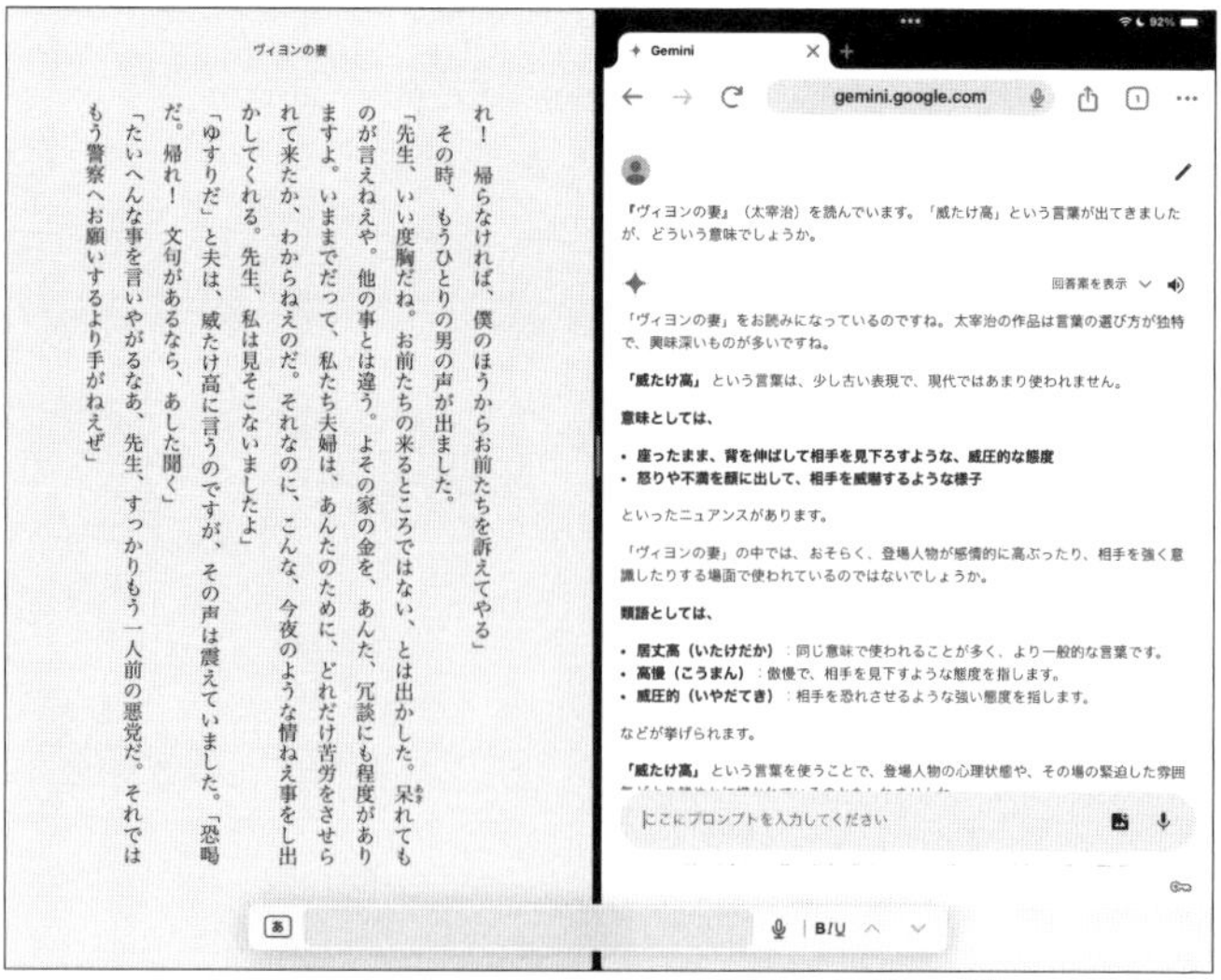

iPadでKindleとChromeを並べて表示した画面

Ｋｉｎｄｌｅアプリの左右どちらかの端にドラッグします。

４．画面が分割されたら、境界線をドラッグして各アプリの表示幅を調整します。

Ｓｐｌｉｔ Ｖｉｅｗを設定したら、Ｋｉｎｄｌｅアプリで本を読み進めていきます。読書中にわからない言葉や概念が出てきたら、画面をタップしてＡＩアプリかＷｅｂブラウザに切り替え、質問を入力し、ＡＩの回答を待ちましょう。回答が表示されたら、その内容を参考にしながら再びＫｉｎｄｌｅアプリに戻って読書を続けます。

この方法を使えば疑問点をその場で即座に解決できるため、本の内容への理解が深まります。また、アプリの切り替えが少なくて済むため、読書への集中力が維持しやすくなります。さらに読書と情報検索を同時に行えるため、学習効率が格段に上がります。ｉＰａｄはＰＣより持ち運び

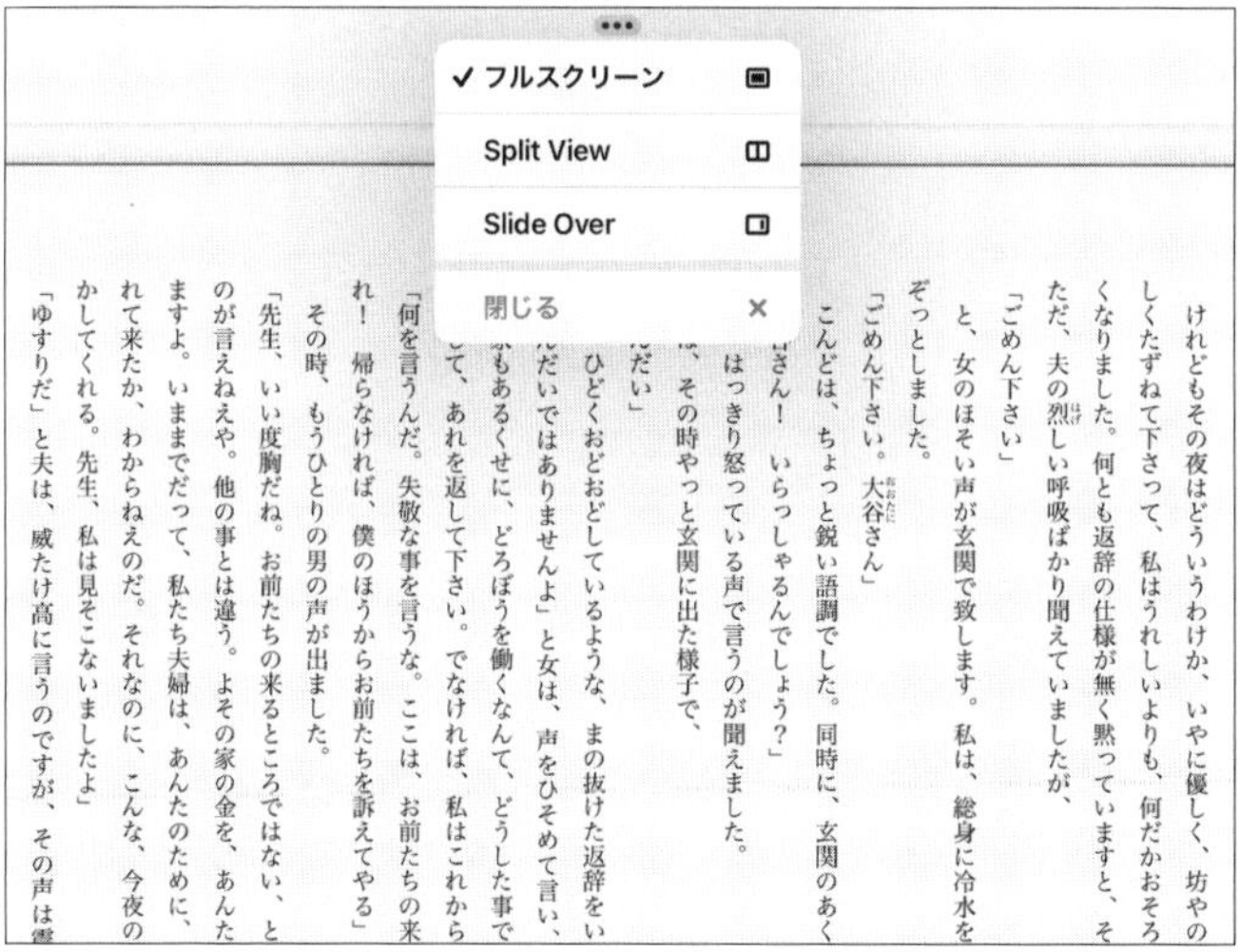

iPadのKindleで本を開いている画面。画面上部の中央にある三点リーダーをタップし、「Split View」をタップすると、Split View画面になる

が容易な端末なので、通勤中や喫茶店など、場所を選ばず効率的な読書環境を構築できるのも大きな利点です。ただし、いくつか注意すべき点もあります。まず、全てのアプリがＳｐｌｉｔ Ｖｉｅｗに対応しているわけではありません。生成ＡＩアプリが非対応の場合は、ＷｅｂブラウザのＡＩサービスを利用するとよいでしょう。また、画面を2分割することで各アプリの表示領域が小さくなるため、ｉＰａｄ ｍｉｎｉなど小さめの機種では、テキストが読みづらくなる可能性があります。その場合、必要に応じて文字サイズを調整しましょう。

2つのアプリを同時に使用するため、通常よりもバッテリーの消費が早くなることも覚えておきましょう。長時間使用する場合は、予め充電器を用意しておくことをおすすめします。

ｉＰａｄのＳｐｌｉｔ Ｖｉｅｗ機能を活用すれば、ＰＣと同様に効率的な読書環境を構築できます。この方法を使えば、外出先でも快適に読書を進められるでしょう。ぜひ試してみてください。

Column

ポピュラー・ハイライトがいらないときは

ポピュラー・ハイライトとは、他のユーザーが同じ本でハイライトした部分が表示される機能です。煩わしいと感じた場合は、この機能を無効にしておきましょう。

アプリのオプションをクリックし、開いた画面で「注釈」タブをクリックします。メニューが表示されたら「ポピュラー・ハイライト」を探し、オフにしておくと、他のユーザーのハイライトが表示されなくなります。

このように、PC用Kindleアプリの設定を調整すれば、より快適な読書環境を整えることができます。フォントやレイアウトのカスタマイズ、ポピュラー・ハイライトのオンオフなど、自分に合った設定を見つけて電子書籍をストレスなく読めるようにしましょう。

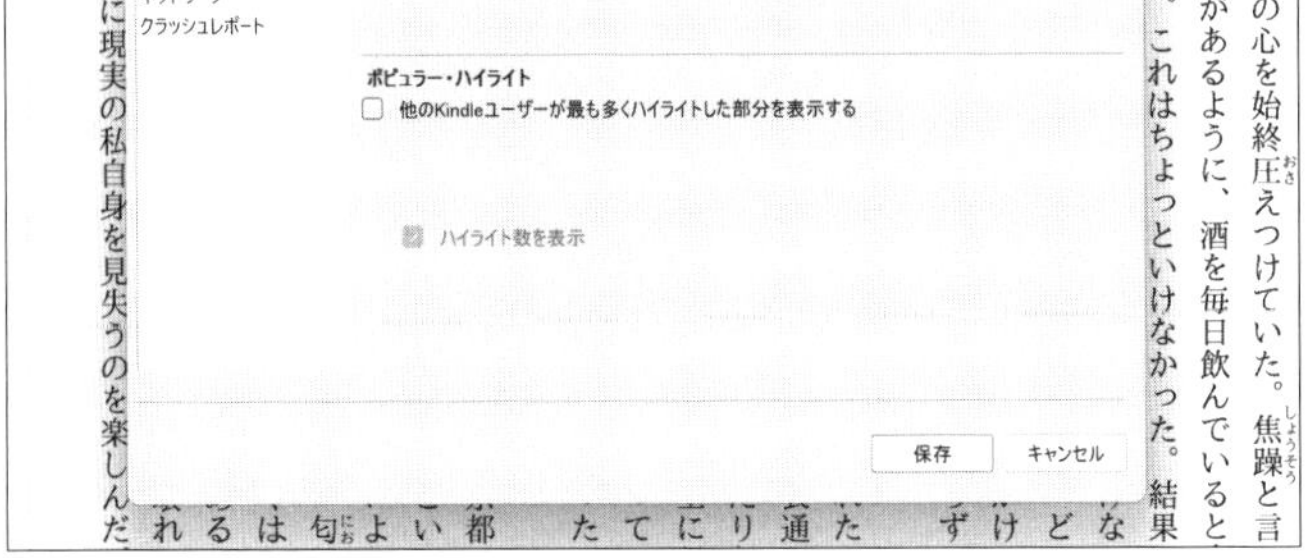

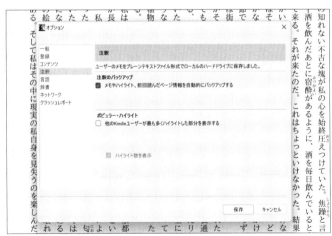

「ポピュラー・ハイライト」が不要であればオフにする

代表的な生成AIの使い方

生成AIとは、テキスト、画像、音声などのコンテンツを生成できるシステムです。生成AIは、私たちの読書体験や情報収集の方法を大きく変えつつあります。ここでは、現在最も注目されているテキスト生成に特化したAIモデルを紹介します。

■ChatGPT（OpenAI）

OpenAIが開発したChatGPTは、自然な対話形式でコミュニケーションできる対話型AIモデルです。質問や指示の意図を理解し、的確な回答を返すだけでなく、スマートフォンアプリを通じて自然な会話を楽しむこともできます。

ChatGPTは膨大な学習データに基づく広範な知識を持っています。その学習データには、原書の文章に加え、読んでいる本の内容に関連する知識や歴史的な文脈なども含まれているため、読書の補助ツールとして活用できます。

たとえば、難解な文学作品を読む際に特定の時代背景や作者の意図について質問すれば、それを知ることによってより深い理解を得ることができるでしょう。また、科学書や哲学書を読む際、難解な概念や理論についての解説を読んでおけば、ある程度読解できるようになります。

ＣｈａｔＧＰＴを効果的に活用するには、適切なプロンプト（指示や質問）を与えることが重要です。「この本について教えて」という漠然とした質問ではなく、具体的に質問することで、より有用な情報を得ることができます。適切な質問の例については、このあと94ページから解説します。

お勧めの本を教えて

もちろんです！どんなジャンルの本に興味がありますか？例えば、小説、ノンフィクション、ビジネス書、自己啓発など、具体的なジャンルやテーマがあれば、それに合ったおすすめの本を紹介しますね。

ビジネス書がいいな

ビジネス書の中で特におすすめの本をいくつか紹介しますね。

1. **『7つの習慣』スティーブン・R・コヴィー**
   - 成功と効果的なリーダーシップについての基本原則を教えてくれる名著です。自己管理や人間関係、目標設定など、ビジネスだけでなく人生全般に役立つ知識が得られます。
2. **『イノベーションのジレンマ』クレイトン・クリステンセン**
   - 新しい技術やビジネスモデルが既存の企業に与える影響について詳しく解説しています。革新的なアイデアを取り入れるための戦略について学べます。
3. **『ゼロ・トゥ・ワン』ピーター・ティール**
   - 新しいビジネスを創造するための視点や方法論について書かれた本です。起業家精神や独自性を重視したビジネス戦略について学べます。
4. **『ハードシングス』ベン・ホロウィッツ**
   - スタートアップの経営に関するリアルな体験とアドバイスが詰まった一冊です。困難な状況に直面した際の対処法やリーダーシップのあり方について具体的なエピソードとともに紹介しています。
5. **『ティール組織』フレデリック・ラルー**
   - 企業の未来に向けた新しい組織モデ↓ついて述べた本です。自己管理や従業員のエンゲ

会話を通じておすすめの本を紹介する

ＣｈａｔＧＰＴを使ううえで注意点もあります。ＣｈａｔＧＰＴの知識は定期的に更新されますが、常に最新というわけではないため、最新の出来事や急速に進化する分野に関してはあまり得意ではありません。そういった内容を知りたい場合、別途最新の情報源で確認する必要があります。また、ＣｈａｔＧＰＴの回答は時として誤りを含む可能性があるため、特に専門的な内容や事実関係については信頼できる情報源で確認する必要があります。

著作権の問題にも注意が必要です。ＣｈａｔＧＰＴから得た情報を利用する際は、適切な引用と著作権法の遵守を心がけましょう。ＣｈａｔＧＰＴはあくまでも補助ツールであり、批判的思考や深い分析を置き換えるものではありません。その回答を鵜呑みにせず、常に自身で考え、検証する姿勢を持つようにしましょう。

なお、本書１８０ページでＣｈａｔＧＰＴの設定方法について詳しく説明しています。初めて使う人は参考にしてください。

■Claude（Anthropic）

Ａｎｔｈｒｏｐｉｃ社が開発したＣｌａｕｄｅは、倫理的な考慮と高度な推論能力を特徴とする生成ＡＩモデルです。特に学術的な読書や複雑な文献の理解において大きな力を発揮します。

Ｃｌａｕｄｅは長文処理能力と深い文脈の理解を得意とするため、読書の補助ツールとして有効に活用できます。たとえば、哲学書や科学論文などの難解なテキストを読む際、特定の段落や章の要約や解説を求めれば、内容の理解を深めることができるでしょう。また、単なる言い換えではなく、背景にある概念や理論的枠組みも含めた包括的な説明を求めることもできます。

この特徴は、文学作品や歴史書の分析において特に有用です。たとえば、ある小説に描かれている道徳的ジレンマについてClaudeに質問すると、多角的な視点から問題を分析し、偏りのない解釈を提供します。これにより、読者はテキストをより批判的に、そして多面的に理解することができるでしょう。

Claudeのもう一つの強みは、多言語対応と優れた言語理解能力です。外国語で書かれた文献を読む際、難解な表現や文化的な参照について説明を求めることで、言語の壁を超えて理解できるようになります。たとえば、古典ギリシャ語で書かれた哲学書を読み、特定のフレーズの現代的解釈やその思想が後世に与えた影響について質問すると、理解が深まるでしょう。

Claudeを活用する上で重要なのは、対話を通じた学習能力を活かすこと。一回きりの質問ではなく、継続的な対話を

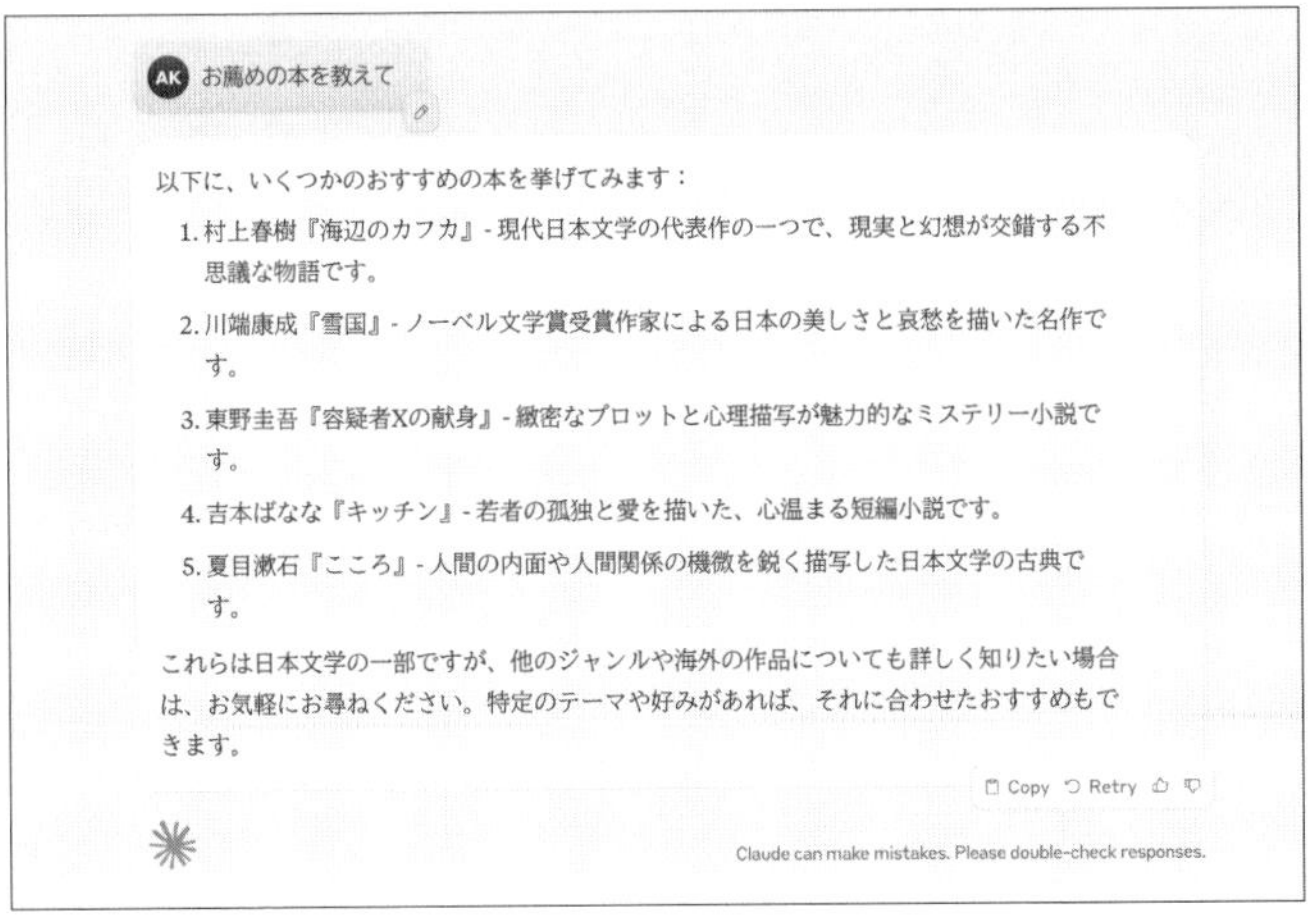

指示に応じて的確に回答する。ChatGPT同様に会話を通じてより回答を絞り込むことも可能

通じて理解を深めていくアプローチが効果的です。たとえば、当初は概要を尋ね、次にその応用例、さらにその限界や批判的見解について順を追って質問していくことで、段階的に理解を深めることができます。

一方Ｃｌａｕｄｅは、過度に暴力的または不適切な内容については答えないことがあります。これは安全な使用のために重要な機能ですが、文学作品を分析する際には使いにくいと感じるかもしれません。とはいえ、適切に活用すれば、Ｃｌａｕｄｅはテキストの深い理解と多角的な解釈を促進する強力なツールとなります。

■Ｇｅｍｉｎｉ（Ｇｏｏｇｌｅ）

Ｇｏｏｇｌｅが開発したＧｅｍｉｎｉは、テキスト、画像、音声、動画などを統合的に理解・処理できる能力を持つマルチモーダルＡＩモデルです。従来のテキストベースのＡＩとは異なる、より豊かな読書支援が可能になります。

Ｇｅｍｉｎｉを読書の補助ツールとして活用する際に有効な特徴として、多様なデータ形式の処理能力が高いという点が挙げられます。文章だけでなく画像を分析することもできるため、これら複数のデータを組み合わせ、より包括的に解釈することができるのです。たとえば、美術書や建築に関する本を読んでいる際、特定の作品や建造物の画像をＧｅｍｉｎｉに提示すれば、その様式、歴史的背景、作者の意図などの回答を得ることができます。また、歴史書を読みながら、同時に地図データや統計情報を参照し、それらを総合的に分析する質問をＧｅｍｉｎｉに投げかけることも可能です。

Geminiの高度な推論能力は、複雑な概念の理解や異なる分野間の関連性を見出すのに役立ちます。たとえば、科学書を読んでいる際、ある理論の他分野への応用や異なる科学領域間の接点について質問すれば、より広い文脈での理解が可能になります。

Geminiのもう一つの強みは、最新の情報へのアクセス能力です。数年前に出版された技術書を読んでいる場合でも、その内容の現在の適用状況について問い合わせることで、より実用的な知識を得ることができます。

Geminiのマルチモーダル

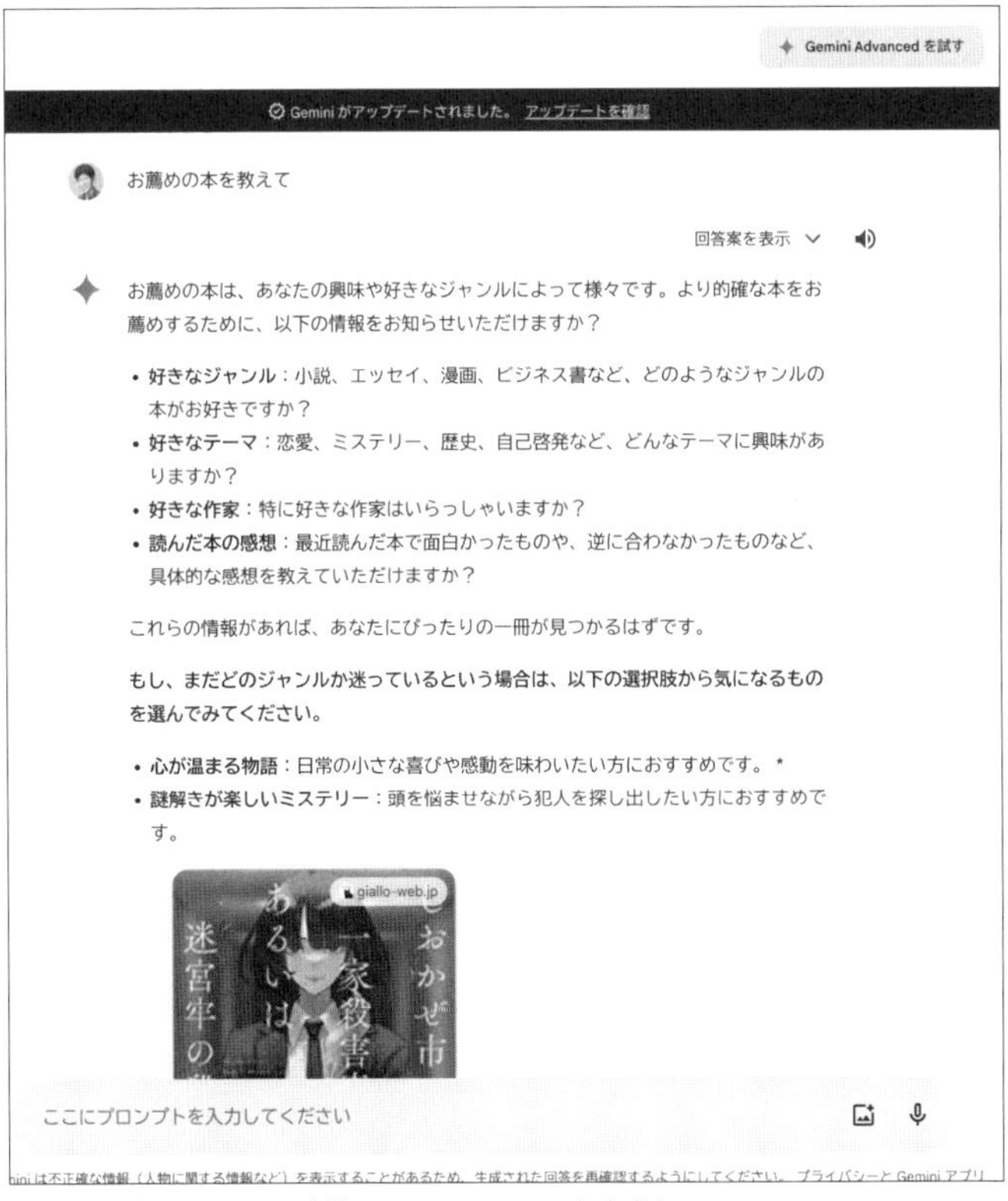

おすすめの書籍を尋ねると書影とECサイトのリンクも生成する

機能は強力ですが、著作権で保護された画像や音声の使用には注意が必要です。Geminiに提示する資料が適切な使用許諾を得ているか、常に確認する必要があります。さらに、Geminiの回答は時として膨大な情報量を含むことがあるため、効率的に情報を得るためには、具体的かつ焦点を絞った質問にすることが重要です。

■Microsoft Copilot（Microsoft）

Microsoftが開発したMicrosoft Copilot（旧称：Bing Chat）は、従来の検索エンジンの機能と自然言語処理の能力を組み合わせた対話型AI検索エンジンです。ユーザーとのインタラクティブなコミュニケーションを可能にし、リアルタイムのウェブ検索結果と大規模言語モデルの知識を統合して回答を生成できる点が最大の特徴です。

Microsoft Copilotは、情報検索と対話型AIの融合によって読書体験を大きく拡張する可能性を秘めています。たとえば、本を読みながら特定のトピックについて詳しく知りたい場合、Microsoft Copilotに質問することでWebの新しい情報をリサーチし、包括的な回答を得ることができます。これは、特に急速に変化する分野や最新動向に関する書籍を読む際に非常に有用です。

複数の情報源を統合し、要約して提示することもできます。これにより、読者は本の内容をさまざまな視点から検証したり、補完したりすることができるでしょう。本の内容にある特定の出来事について異なる解釈や最新の研究結果を問い合わせることで、より多角的な理解を得ることができるはずです。

Microsoft Copilotを使いこなすポイントは、検索機能と対話型AIを組み合わせた独自の使い方を見出すこと。本の中で触れられている概念や理論について、その実世界での応用例や最新の発展を尋ねれば、その内容をより現代的なコンテキストで理解することが可能になるのです。

Microsoft Copilotは最新のWeb情報を利用しますが、それらの情報が常に正確であるとは限りません。特に、学術的な内容や専門的なトピックについては、信頼できる情報源で再確認することが重要です。

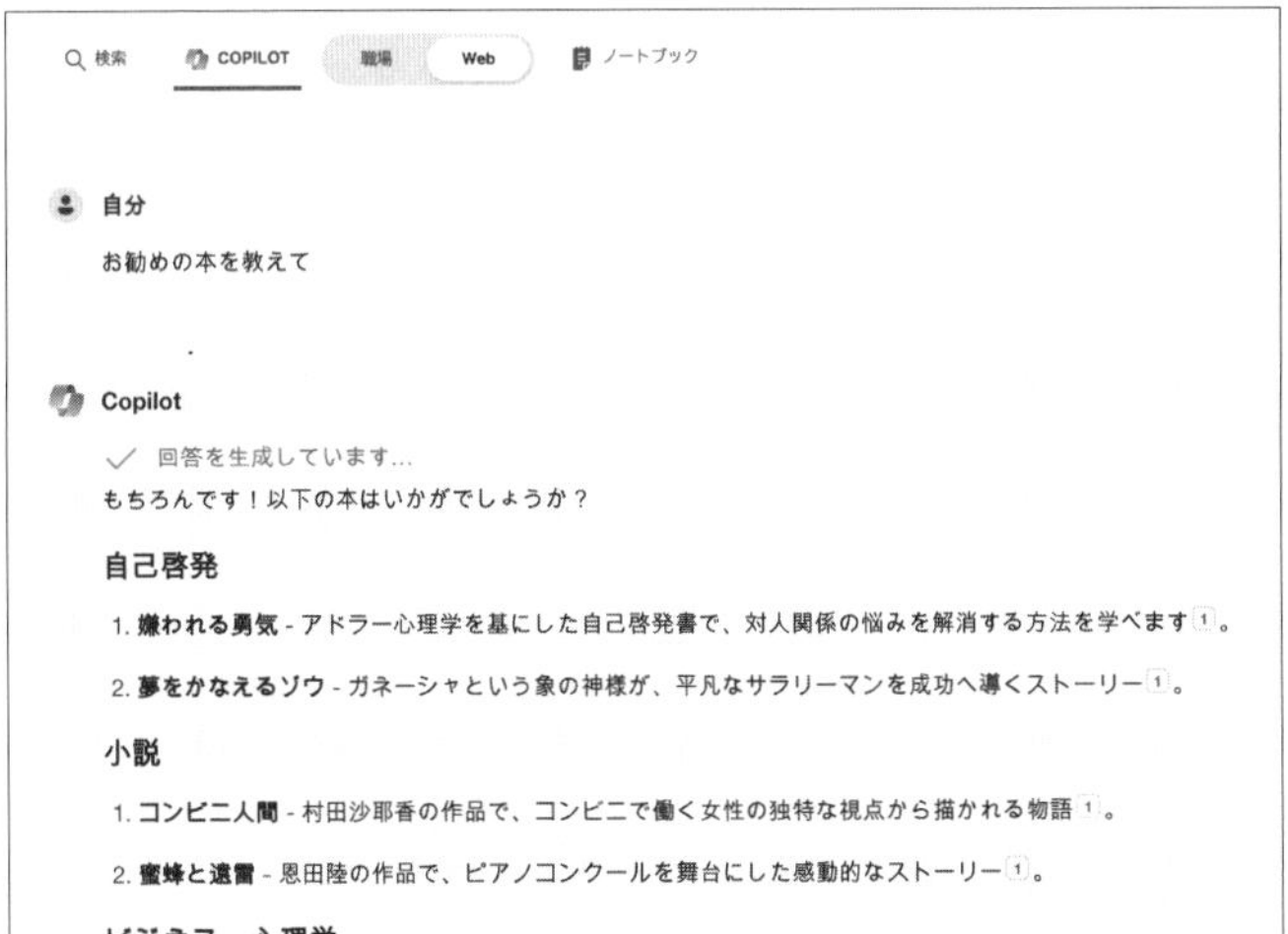

さまざまなジャンルの書籍を推薦する。
ChatGPT同様に会話しながら回答を絞り込むこともできる

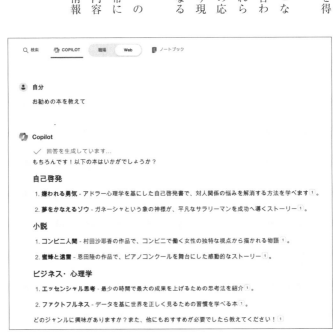

ＡＩと対話しながら本の理解を深める

ＡＩとの対話を効果的に行うには、質問の仕方が鍵となります。適切な背景情報の提供、具体的で簡潔な表現、一つに絞られた問いかけなどを駆使することで、ＡＩから的確で有用な回答を引き出すことができるのです。ここでは、ＡＩとのコミュニケーションを最適化する質問方法について解説します。

■背景情報と文脈を提供する

ＡＩに質問する際、質問の中に関連する背景情報や文脈を含めると、ＡＩがより正確に状況を理解し、知りたかった回答を提供できるようになります。以下、背景情報と文脈を効果的に含めた質問をする方法と実例を紹介していきます。

本の基本情報を提供する

まず、質問の対象となる本の基本的な情報を提供することから始めましょう。これには「本のタイトル」「著者名」「出版年」「ジャンル」「分野」などが含まれます。

該当する章や節を明確に伝える

本の中の特定の部分について質問する場合は、たとえば「『ノルウェイの森』の第2章、主人公のワタナベが直子と再会するシーンについて質問があります」のように、具体的に該当する章や節を伝えましょう。

前後の文脈を説明する

ピンとこない答えしか返ってこない場合、質問の対象となる部分の前後の文脈について簡単な説明を加えます。するとＡＩは状況を把握し、希望に添った回答を返します。

自分の理解度や知識レベルを伝える

ＡＩの回答が難しすぎて、よく理解できないときは、質問者自身の

【該当する章や節を明確に伝える質問例】
『ノルウェイの森』の第2章、主人公のワタナベが直子と再会するシーンについて質問があります。

【前後の文脈を説明する質問例】
この章の前の部分では、ワタナベが大学生活を始めたばかりの頃の様子が描かれています。そして、偶然に直子と再会するこのシーンが、物語の重要な転換点となっています。

【自分の理解度や知識レベルを伝える質問例】
私は村上春樹の他の作品をいくつか読んだことがあり、彼の文体や物語の特徴にはある程度慣れています。ただし、『ノルウェイの森』は初めて読む作品です。

理解度や知識レベルを説明しておくと、ＡＩはそれに合わせてわかりやすい回答を返します。

これまでの読書の進捗状況を説明する

まだ読んでいる途中で先の話を聞きたくない場合、質問のなかに本をどこまで読んでいるかという情報を加えておけば、ＡＩはネタバレを避けつつ、適切な情報を返します。

特定の登場人物や概念に焦点を当てる

本の中の特定の登場人物や概念について聞きたい場合、質問のなかにその人物の名前や概念などの基本的な情報を加えておくと、ＡＩはそれにあわせて回答を返します。

質問の背景にある自分の考えや疑問を説明する

作品のテーマや自分なりの解釈、疑問点について理解を深めたいときは、この質問に至った経緯なども加えておくとよいでしょう。ＡＩ

【これまでの読書の進捗状況を説明する質問例
『ノルウェイの森』の第1章から第7章までを読み終えたところで、後半部分の内容はまだ読んでいません。

特定の登場人物や概念に焦点を当てる質問例】
主人公のワタナベと、彼の友人である緑という女性キャラクターについての質問です。緑はワタナベより1歳年下で、明るく積極的な性格の女性として描かれています。

【質問の背景にある自分の考えや疑問を説明する質問例】
『ノルウェイの森』では、死のテーマが繰り返し登場します。特に、直子の恋人キズキの自殺が物語全体に大きな影響を与えているように感じます。

はその内容を鑑みた上で、より的確に回答します。

総合的な質問例

最後に、これらの要素を組み合わせた質問の例をひとつ挙げておきます。この質問例には、本の基本情報、読書の進捗状況、特定のシーンへの言及、主要なテーマ「死」への言及、具体的な質問など、多くの背景情報と文脈が提供されています。これにより、ＡＩはより深い理解に基づいた、詳細で適切な回答を返してくるでしょう。

このように、質問のなかに背景情報や文脈を追加するには、自分の理解度を客観的に分析し、深掘りしていく必要があります。この過程を経ることで、本の内容を再確認し、自分の理解を整理する機会になるでしょう。さらにこのアプローチは、批判的思考力を養い、本の内容をさまざまな角度から考察する習慣を身につけるのに役立ちます。ＡＩの回答を通じて新たな洞察を得るだけでなく、質問を作成する過程自体が有意義な学習経験となることは間違いありません。

【統合的な質問例】
村上春樹の『ノルウェイの森』（1987年出版）について質問があります。 私は現在、この小説の前半部分を読み終えたところです。 特に、主人公ワタナベと直子の再会のシーンに注目しています。 この小説における死のテーマ、特にキズキの自殺が物語全体にどのような意味を持ち、主人公ワタナベの成長にどのように影響しているのでしょうか?

■具体的に質問する

ＡＩに対して曖昧な表現で質問すると、質問内容を誤解して期待していたような回答が戻ってこないことがあります。こういうとき、具体的かつ明確に質問文を作成すれば、回答の精度が上がります。以下に、具体的に質問するための方法と実例を説明します。

文章をコピペする

質問の対象となる文章や段落がある場合、それを直接コピーし、質問の中にペーストしておけば、ＡＩは聞きたいことをより正確に理解して的確な回答を返します。

特にわからない部分を明確に伝える

本を読み進めていくうちに、よく理解できない文章や概念にぶつかってしまうことがあります。そんなときは素通りしてしまうのではなく、具体的に質問し、疑問を解決しておきましょう。

【文章をコピペする指示例】
『FACTFULNESS』の以下の文章について質問があります。「世界を2つに分けることはやめよう。もはやそうする意味はない。世界を正しく理解するのにも、ビジネスチャンスを見つけるのにも、支援すべき最も貧しい人々を見つけるのにも役に立たない」。この主張の意味と、著者が提案する世界の見方について説明してください

【特にわからない部分を明確に伝える質問例】
『FACTFULNESS』の第3章で著者が説明している「直線本能」の概念がよくわかりません。これは私たちの世界認識にどのような影響を与えているのでしょうか?

自分の解釈を伝え、差異を聞く

自分なりに解釈できたとは思うものの、それが合っているかどうかわからないときは、自分の解釈を説明した上で、妥当性や他の可能性について尋ねてみましょう。

具体的な例や場面を挙げて質問する

概念について尋ねて抽象的な高い回答が返ってきたとき、その内容が理解できないことがあります。そういったことを質問する際は、具体的な例や場面を挙げることで、より明確な回答を得られます。

複数の選択肢を提示する

質問の意図に合わない回答が返ってくるのは、ＡＩが質問の意図をよく理解していないからかもしれません。そんなとき、可能性のある複数の選択肢を提示すると、ＡＩがその選択肢に沿った回答を返します。

【自分の解釈を伝え、差異を聞く質問例】
『FACTFULNESS』で提唱されている「ファクトフルネス」の考え方は、データに基づいた冷静な判断の重要性を強調していると理解しました。この解釈は適切でしょうか。著者の意図する他の重要な側面はありますか?

【具体的な例や場面を挙げて質問する指示例】
『FACTFULNESS』の第3章で著者が説明している「恐怖本能」について質問します。特に、2010年のハイチ大地震の報道に関する著者の分析を例に挙げて、この本能がどのように私たちの世界認識を歪める可能性があるか説明してください。ださい。

【複数の選択肢を提示する質問例】
『FACTFULNESS』で説明されている10の本能のうち、「分断本能」は現代社会の認識にどのような影響を与えていると著者は考えているでしょうか。社会の二極化でしょうか、それとも異文化理解の障壁でしょうか。あるいは、別の影響がありますか?

比較を求める質問をする

単純な事実確認ではなく、深い理解や分析を目的に質問する場合、二つ以上の要素を提示し、類似点と相違点を含めた説明を求めましょう。その場合、その要素が適切で明確に定義されていなければなりません。

時間的・空間的な制約を設ける

質問の範囲を特定の時間や場所に限定すると、特にその時間（場所）にスポットを当てた内容となるため、より焦点を絞った回答を得ることができます。

数量的な指定をする

多くの要素が考えられる内容について質問すると、回答が簡潔になってしまったり、回答が非常に長くなってしまったりします。回答に含めてほしい要素の数を指定すれば、焦点が定まった回答が得られます。

【比較を求める質問をする指示例】
『FACTFULNESS』で提唱されているデータに基づく世界の見方と、一般的なメディアが提示する世界像を比較してください。特に、発展途上国の現状認識における違いに注目して説明してください。

【時間的・空間的な制約を設ける質問例】
『FACTFULNESS』の方法論について質問します。著者が示すデータは主に20世紀後半から21世紀初頭のものですが、この期間の世界の変化をどのように描写していますか?

【数量的な指定をする指示例】
『FACTFULNESS』で説明されている10の本能のうち、著者が特に重要視していると思われる3つを挙げ、それぞれについて説明してください。

特定の構造的要素に焦点を当てる

章構成、序文と結論の関係、事例や図表、グラフなど、作品の構成に関する要素に焦点を当てて質問するというのもよい方法です。これにより、著者が伝えようとしているメッセージを読み取ることができます。

総合的な質問例

これらの要素を組み合わせた、効果的な質問の例を以下に示します。この質問例では、作者名と著者名、具体的な文章の引用、分析すべき具体的なポイントなど、様々な要素を組み合わせています。これにより、ＡＩはより深く、多角的な分析を提供することができます。

具体的な質問は、ＡＩとの対話を通じて本の内

【特定の構造的要素に焦点を当てた指示例】

『FACTFULNESS』は10の章で構成されており、各章が1つの「本能」に焦点を当てています。この構成が本書の主張をどのように強化しているか、特に読者の理解と記憶の観点から説明してください。

【総合的な質問例】

『FACTFULNESS』について質問があります。「世界は徐々に良くなっている。しかし、同時に悪い状態のままである」。この主張に関して、以下の点について説明してください。

1. ロスリングが言う「世界が良くなっている」とは、具体的にどのような指標や事実を指しているのでしょうか?
2. 同時に「悪い状態のまま」であるとはどういうことか、著者の見解を説明してください。
3. この二面性のある世界観は、著者が提唱する「ファクトフルネス」の考え方とどのように結びついていますか?
4. この主張に基づいて、著者は私たちがどのように世界を見るべきだと提案していますか?
5. 著者が提示するこの世界観は、書籍で説明されている10の本能とどのように関連していますか。具体的な本能を2つ挙げて説明してください。

容をより深く理解したいときに有効な技術です。ここで紹介した手法を用いることで、漠然とした回答ではなく、焦点の定まった有益な情報を得ることができるでしょう。これらの技術を適切に組み合わせれば、本の内容に対する理解が深まるだけでなく、著者の意図や本の構造について深く理解することができます。

■シンプルな文章で質問する

ＡＩに質問する際、なるべくシンプルな文章を心がけるようにしましょう。質問文がわかりにくいと、ＡＩが質問の意図を誤解し、的確な回答を返してこない可能性があります。以下に、シンプルな文章で質問するための方法と実例を紹介します。

聞きたいことをストレートに伝える

遠回しな表現や婉曲表現を使うと、ＡＩが質問の真意を正確に理解できず、的外れな回答をしてしまうことがあります。そんなときは、聞きたいことを明確にした上で、直接的かつ簡潔な言葉で表現しましょう。

【聞きたいことをストレートに伝える質問例】

■**悪い例**：「この本の著者が言おうとしていることについて、どのようにお考えでしょうか?」

■**良い例**：「この本の主要なメッセージは何ですか?」

具体的な言葉を使用する

抽象的な表現や曖昧な言葉も、ＡＩが質問の意図を誤解する原因となります。そんなときは、具体的な選択肢や特徴を提示するなど、具体的な例や明確な言葉を使って質問を組み立てましょう。

専門用語や難解な表現を避ける

専門用語や難解な表現を使うと、ＡＩの回答も一般読者にとってわかりにくい内容になってしまいます。なるべく一般的な言葉を使用し、専門用語を使う必要がある場合はその意味を説明しましょう。

修飾語を最小限に抑える

必要以上に形容詞や副詞を使用すると、文章が複雑になり、主要なポイントが不明確になる可能性があります。そんなときは、質問の核心となる要素を特定し、それを直接的かつ簡潔に

【具体的な言葉を使用する質問例】

- **悪い例**：「この本の雰囲気はどうですか?」
- **良い例**：「この本のトーンや文体を描写してください。 たとえば、明るいですか、暗いですか。トーンはくだけていますか、形式的ですか?」

【専門用語や難解な表現を避ける質問例】

- **悪い例**：「この本における作者のナラティブ・ストラテジーについて解説してください」
- **良い例**：「作者がこの物語をどのように語っているか説明してください。例えば、一人称視点ですか、それとも三人称視点ですか?」

【修飾語を最小限に抑える指示例】

- **悪い例**：「この驚くべき小説の中で、主人公が直面する非常に困難で複雑な状況について、詳細に説明してください」
- **良い例**：「主人公が直面する主な課題を説明してください」

表現しましょう。

能動態を使用する

受動態を使って質問すると、文章の主語が不明確になったり、複雑な文章になったりするリスクがあります。明確で理解しやすい文章の構造にするため、なるべく能動態を使用するようにしましょう。

否定文を避ける

受動態と少し似ていますが、否定文、特に二重否定のような複雑な否定表現を使うと、質問の意図がわかりにくくなりがちです。否定的な表現を肯定的な表現に言い替えると、明確な質問になります。

質問の目的を明確にする

質問の意図や目的を明確にすることで、ＡＩがより適切な回答を提供できます。

文化的な参照や慣用句を避ける

【能動態を使用する質問例】

■悪い例：「この本の主題は作者によってどのように展開されていますか?」

■良い例：「作者はこの本の主題をどのように展開していますか?」

■良い例：「この本の結末は予想通りでしたか、それとも意外でしたか?」

【否定文を避ける質問例】

■悪い例：「この本の結末は予想外ではありませんでしたか?」

■良い例：「この本の結末は予想通りでしたか、それとも意外でしたか?」

【質問の目的を明確にする指示例】

■悪い例：「この本についてもっと教えてください」

■良い例：「この本のプロット（物語の展開）を簡潔に要約してください」

ＡＩは文化的な文脈や慣用句を理解できない場合があります。できるだけ普遍的な表現を使用しましょう。

一文を短くする

長い文章を使ってしまうと、複数の意味や情報が混在し、ＡＩが質問の焦点を正確に把握できないことがあります。そんなときは、一文を20語程度に抑えましょう。

総合的な質問例

ここまで説明した内容に留意し、効果的な質問の例を考えてみました。

この質問例は、いずれもシンプルな文章構造を維持し、専門用語や難解な表現を避けています。具体的な言葉と能動態を使用し、質問の目的を明確に示しています。また各質問が短く、一文で構成されています。

【文化的な参照や慣用句を避ける質問例】

■ **悪い例**：「この本の主人公は窮地に陥ったとき、いつも泰然自若としていましたね?」

■ **良い例**：「主人公は困難な状況でも冷静さを保っていましたか?　具体的な例を挙げてください」

【一文を短くした指示例】

■ **悪い例**：「この本を理解する上で主人公の性格と背景を知っておくことは重要だと思うので、その2つについて教えてください」

■ **良い例**：「主人公の性格と背景を教えてください」

【総合的な質問例】

「この本の主人公について教えてください」

「主人公の年齢と主な特徴を挙げてください」

「物語の舞台はどこですか?」

「主人公が直面する主な課題は何ですか?」

「この小説の主要なテーマを3つ挙げてください」

「この小説は現代社会にどんなメッセージを伝えていますか?」

このようにシンプルな文章で質問することで、ＡＩからより正確で有用な回答を得ることができます。複雑な概念や深い分析が必要な場合でも、まずは基本的な事実を確認し、そこから段階的に詳細な質問へと進むことで、効果的な対話が可能になるでしょう。

■問いかけは1つに絞る

ＡＩに質問する際、できれば一度に１つの要素を問いかけるように心がけましょう。それによってＡＩはその特定の問題に集中し、その主題についてより深く掘り下げることができます。

いくつかの要素が関連した複雑な質問をしたいときも、複数の問いを含んだ文章で質問するより、１つずつ順番に質問することをおすすめします。一見、面倒なように思えますが、そのほうが効率よく意図にあった回答が得られます。以下に、問いかけを１つに絞るための方法と実例を紹介します。

■悪い例

「『嫌われる勇気』で説明されているアドラー心理学の主要概念、それらの現代社会での適用、自己啓発への影響、そして従来の心理学との違いについて説明してください。また、著者の主張に対する批判的な見方もあれば教えてください」

■良い例

1. 「『嫌われる勇気』で説明されているアドラー心理学の主要概念を3つ挙げてください」
2. 「アドラー心理学の「課題の分離」という概念について、その意味と重要性を説明してください」
3. 「『嫌われる勇気』で主張されている「承認欲求からの解放」について、具体的にどのような方法が提案されていますか?」
4. 「アドラー心理学と従来のフロイト派心理学の主な違いを1つ挙げ、説明してください」

複雑な問題を分割する方法

複数の質問や複雑な問題を一度に尋ねてしまうと、ＡＩが回答の優先順位を判断できず、一部の質問に答えられなかったり、回答が散漫になったりすることがあります。また、質問者自身も何を聞きたいのか整理できず、必要な情報を得られない可能性があります。そんなときは、複数の小さな質問に分割しましょう。

質問の順序を考える

質問の順序を考えずにランダムに尋ねてしまうと、ＡＩの回答が論理的に繋がらず、情報の関連性が失われてしまうことがあります。複数の関連する質問がある場合、論理的な順序で質問することが重要です。基本的な事実や概念から始めて、徐々により複雑な分析や解釈に進めていくのが効果的です。

具体的な指示を含める

【質問の順序を考える質問例】
1.『嫌われる勇気』の基本的な前提は何ですか」
2.「本書で説明されている「目的論」とは何ですか?」
3.「アドラー心理学における「共同体感覚」の概念を説明してください」
4.「本書が主張する「人生の意味」の見つけ方について、具体的に説明してください」
5.「『嫌われる勇気』の考え方に対する主な批判があれば、説明してください」

【具体的な指示を含める例】
『嫌われる勇気』で説明されている「横の関係」と「縦の関係」の違いについて説明してください。それぞれの関係の特徴を3つずつ挙げて解説してください。

質問に具体的な指示を含めずに漠然と尋ねてしまうと、ＡＩが回答の範囲や深さを適切に判断できず、質問者の期待とは異なる回答を生成してしまうことがあります。また、回答が一般的すぎたり、逆に詳細すぎたりして、求めている情報を効果的に得られない可能性があります。そんなときは、質問の最後に回答してほしい具体的な内容や形式を指定しましょう。そうすると、より的確な回答が返ってくるようになります。

比較や対照を求める質問

２つの概念や要素を比較することで、それぞれの特徴を明確に理解できることがあります。ただし、比較対象が多すぎたり不明確だったりすると、有用な洞察を得られないため、比較の対象は1組に限定しましょう。

回答の形式を指定する

回答の形式を指定せずに質問すると、ＡＩが自由な形式で回答を生成するため、質問者が理解しづらくなることがあります。リスト、段落、表など、回答の形式を指定すると、理解しやすい回答が返ってきます。

【比較や対照を求める指示例】
『嫌われる勇気』で紹介されているアドラー心理学の「目的論」と、フロイト派の「原因論」を比較してください。両者の考え方の違いと、それが人生の捉え方にどのような影響を与えるか説明してください。

【回答の形式を指定する指示例】
『嫌われる勇気』で提唱されている「よりよく生きるための5つの指針」を箇条書きで列挙し、各指針について2-3文で説明してください。

時間的制約や範囲を明確にする

質問が特定の時間枠や物語の一部に関連している場合、それを明確に指定しましょう。指示せずに質問すると、不必要に広範な情報を含んだり、逆に重要な情報を省略したりすることがあります。

総合的な質問例

これらのガイドラインを踏まえた、効果的な質問の例を以下に示します。

この質問例では、各質問が1つのトピックに焦点を当てており、論理的な順序で並べられています。基本的な事実から始まり、徐々により深い分析や解釈に進んでいます。

このように、問いかけを1つに絞るようにすると、AIから焦点の定まった明確な回答が得られる上、その後のやり取りも深い内容になることが期待されます。複雑な主題を扱う場合でも、一歩ずつ段階的に質問するように心がけましょう。

【時間的制約や範囲を明確にする指示例】
『嫌われる勇気』の第3夜から第5夜に焦点を当てて、著者が説明する「人生の意味」の見つけ方について要約してください。

【統合的な質問例】
「『嫌われる勇気』におけるアドラー心理学の「課題の分離」という概念について質問があります。
1.「課題の分離」とは何か、簡潔に定義してください。
2. なぜアドラーは「課題の分離」を重要視しているのでしょうか?
3.「課題の分離」を実践している具体的な例を1つ挙げ、その効果を説明してください。
4. この概念を日常生活に適用する際の困難や課題があれば、それも説明してください」

■理解を深めるフォローアップ質問

ＡＩと対話する際、はじめの質問に対する回答を得た後、もう少し深く知りたい、あるいは別のことが知りたい場合は、フォローアップ（追加）質問をしましょう。以下に、効果的なフォローアップ質問の技術と実例を紹介します。

具体例を求める

はじめの回答が抽象的だった場合、具体例を求めることで理解を深めることができます。

因果関係を探る

出来事や状況の背後にある理由や影響を理解したいときは、因果関係を尋ねてみましょう。

【具体例を求める指示例】

- **はじめの質問**：「カフカの『変身』における疎外のテーマについて説明してください」
- **フォローアップ質問**：「グレゴール・ザムザが感じる疎外感を表す具体的な場面を2つ挙げ、それぞれがどのように疎外のテーマを強調しているか説明してください」

【因果関係を探る指示例】

- **はじめの指示**：「『罪と罰』のラスコーリニコフが殺人を犯した理由を説明してください」
- **フォローアップ指示**：「ラスコーリニコフの犯罪が彼の心理状態にどのような影響を与えましたか？　具体的な変化と、それがストーリーの展開にどう影響したかを説明してください」

【比較と対照を使った指示例】

- **はじめの質問**：「『アンナ・カレーニナ』のアンナとレヴィンについて説明してください」
- **フォローアップ指示**：「アンナとレヴィンの人生の選択と結末を比較し、彼らの決断の違いがそれぞれの運命にどのように影響したか分析してください」

比較と対照

異なる要素を比較することで、それぞれの特徴をより明確に理解できます。

異なる視点を探る

同じ事象や概念を異なる角度から見ることで、より包括的な理解が得られます。

現代的な文脈での解釈を求める

古典作品や歴史的な概念を現代の視点から解釈することで、その普遍性や現代的意義を理解できます。

批判的思考を促す

ＡＩの回答に対して批判的に考え、異なる解釈や反論の可能性を探ることで、より深く理解

【異なる視点を探る質問例】

■ はじめの質問：「『グレート・ギャツビー』におけるアメリカンドリームのテーマについて説明してください」

■ フォローアップ質問：「ギャツビーとニック・キャラウェイ、それぞれの視点からアメリカンドリームがどのように描かれているか比較してください。彼らの背景や経験が、このテーマの理解にどのように影響しているでしょうか?」

【現代的な文脈での解釈を求める指示例】

■ はじめの指示：「ジョージ・オーウェルの『1984年』の主要なテーマを説明してください」

■ フォローアップ指示：「『1984年』で描かれている監視社会の概念は、現代のデジタル時代にどのように反映されていると考えられますか?具体的な例を挙げて説明してください」

【批判的思考を促す指示例】

■ はじめの指示:「『老人と海』の象徴的な意味について説明してください」

■ フォローアップ指示：「『老人と海』を単なる人間と自然の闘いの物語として解釈する見方もあります。この解釈に対する反論や、より深い読み方の可能性について説明してください」

できるようになるかもしれません。

詳細な分析を求める

特定の要素や場面についてより詳細な分析を求めることで、作品の深層を理解できます。

作者の意図や背景を探る

作品の背後にある作者の意図や、創作時の社会的・歴史的背景を理解すれば、作品の解釈がより深まります。時間の余裕があるときは歴史背景を自分で調べてみたほうが記憶に定着しますが、すぐに知りたいときはＡＩに尋ねるという方法もあります。

他の作品や概念との関連性を探る

ある作品や概念を他の関連する作品や概念と

【詳細な分析を求める指示例】

- ■ はじめの質問「『ハムレット』の「生きるべきか死ぬべきか」の独白の内容を要約してください」
- ■ フォローアップ指示：「この独白でハムレットが使用する比喩表現を3つ挙げ、それぞれがハムレットの心理状態をどのように表現しているか分析してください」

【作者の意図や背景を探る指示例】

- ■ はじめの質問：「村上春樹の『海辺のカフカ』のあらすじを教えてください」
- ■ フォローアップ指示：「村上春樹が『海辺のカフカ』を執筆した時期の日本の社会状況について説明し、それが作品のテーマや設定にどのように影響を与えているか分析してください」

【他の作品や概念との関連性を探る指示例】

- ■ はじめの指示：「トルストイの『戦争と平和』の主要なテーマを説明してください」
- ■ フォローアップ指示：「『戦争と平和』で描かれている歴史観は、同時代の他のロシア文学作品（例えばドストエフスキーの作品）とどのように異なりますか?具体的な例を挙げて比較してください」

結びつけることで、より広い文脈での理解が可能になります。

総合的な指示例

これらの質問や指示を組み合わせて、効果的なフォローアップ指示（質問）の連鎖の例を以下に示します。このように、フォローアップ質問を重ねることで、一つのトピックについて多角的かつ深い理解を得ることができます。はじめは基本的な情報から始まり、徐々に分析的、批判的、そして現代的な解釈へと進んでいくことで、作品や概念について包括的に理解できるようになるでしょう。

- **はじめの質問**：「F・スコット・フィッツジェラルドの『グレート・ギャツビー』の主人公ジェイ・ギャツビーについて説明してください」
- **フォローアップ質問1**：「ギャツビーの過去と現在の生活を比較し、彼の変化がどのようにアメリカンドリームを体現しているか説明してください」
- **フォローアップ質問2**：「ギャツビーとトム・ブキャナンを対比させ、彼らが象徴する社会階級の違いについて分析してください」
- **フォローアップ質問3**：「ギャツビーのデイジーに対する執着は、どのように彼の性格や行動に影響していますか?具体的な場面を挙げて説明してください」
- **フォローアップ質問4**：「『グレート・ギャツビー』が1920年代のアメリカ社会を批判的に描いているとされていますが、ギャツビーのキャラクターを通じて、どのような社会批判が行われていると解釈できますか?」
- **フォローアップ質問5**:「現代の視点から見て、ギャツビーのキャラクターや彼の人生の軌跡に、どのような普遍的なテーマを見出すことができますか?　現代社会の具体的な例と結びつけて説明してください」

Ｋｉｎｄｌｅ辞書を使いこなす

Ｋｉｎｄｌｅの辞書機能とＡＩを組み合わせて使うと、難しい言葉や表現の理解が深まり、本の内容をより深く味わえるようになります。ここでは、Ｋｉｎｄｌｅの辞書機能の効果的な使い方と、ＡＩとの併用テクニックについて解説します。

■Ｋｉｎｄｌｅ辞書機能の設定と使い方

読書中に難解な言葉や馴染みのない表現に出会うことは珍しくありません。特に文学作品や専門書を読む際には、難しい言葉、古語、漢語などが頻出し、内容理解の妨げになることがあります。Ｋｉｎｄｌｅの内蔵辞書機能は、このような場面で大変役立ちます。さらに、ＡＩツールと組み合わせることで、より深い理解と効率的な学習が可能になります。この節では、日本語の文脈に焦点を当て、Ｋｉｎｄｌｅの辞書機能の効果的な使い方と、ＡＩツールとの併用テクニックを解説します。

まず、Kindleに内蔵されている辞書の種類について知っておきましょう。Kindleには「デジタル大辞泉」「プログレッシブ英和中辞典」などが搭載されています。これらの辞書を用途にあわせて使い分けることで、さまざまな場面での理解を深めることができます。

Kindleの辞書は、初期状態のままだとデータが入っていないため、使えません。そこで、辞書を使う前にダウンロードする必要があります。

辞書をダウンロードするには、本文の一部をクリックし、文字を選択した状態にします。すると、自動的に辞書のダウンロードが始まります。辞書がダウンロードされない場合、コンテキストメニューから「辞書」を選択後、歯車アイコンをクリックし、ダウンロードしたい辞書をダウンロードしてください。ダウンロードが終われば、辞書が使えるようになります。

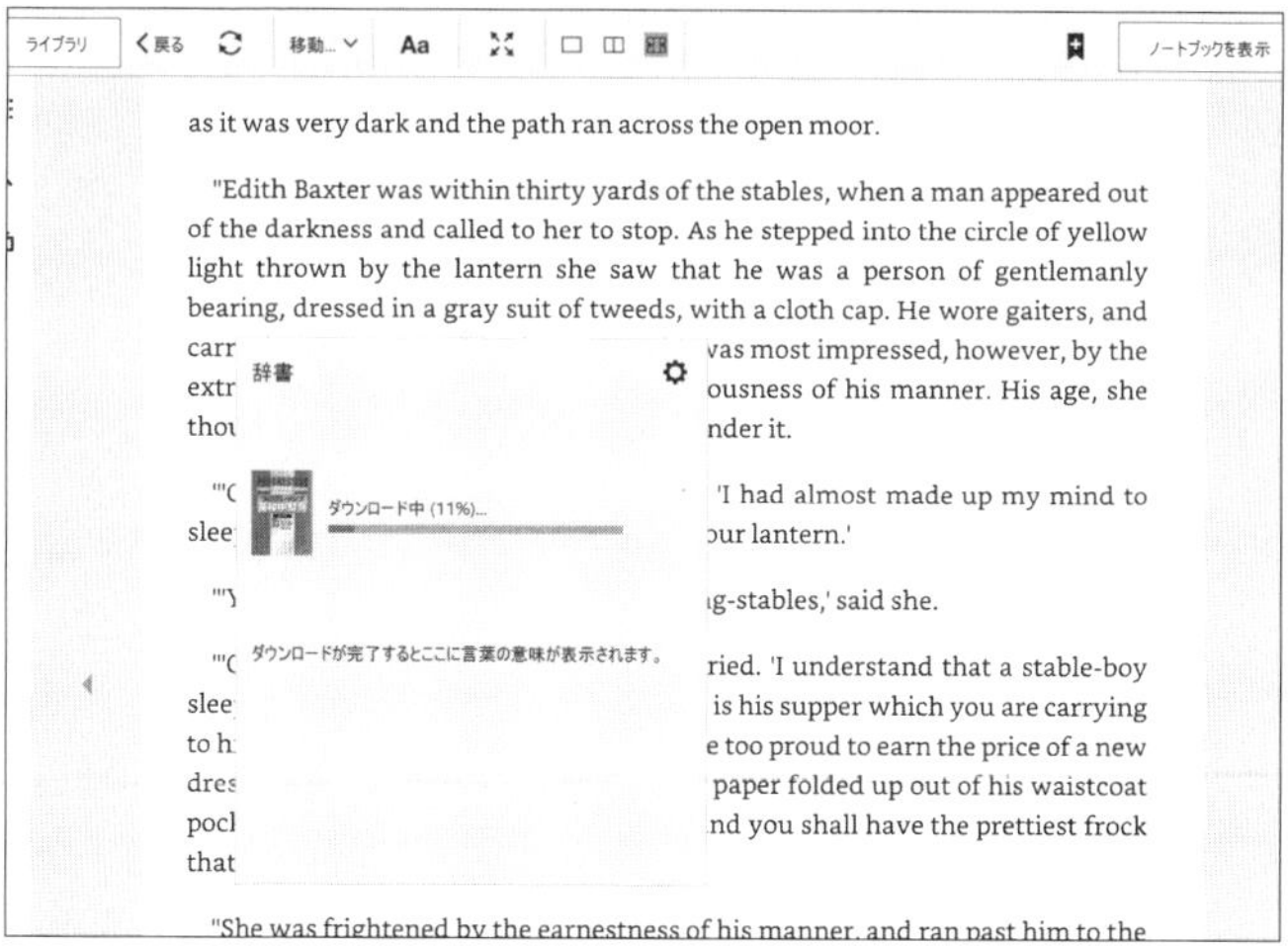

本文の一部をクリックし、文字を選択した状態にすると、辞書のダウンロード画面が表示される

次に、言葉の意味を調べる方法を説明します。まず調べたい言葉をクリックして選択し、画面下部に表示される辞書を見ます。簡単な意味はそれだけでわかりますが、より詳細な情報が必要な場合は、「全文表示」をクリックして全画面表示に切り替えます。調べ終わったら、左上の「く」マークをクリックして元の画面に戻ります。

■効率的な単語・フレーズの調べ方

Ｋｉｎｄｌｅで本を読んでいてわからない言葉があったら、その場で言葉の意味を調べましょう。意味がわからないまま読み進めてしまうと、内容がうまく理解できなくなるかもしれません。

このとき、調べたい内容によって使うべき辞書が変わってきます。たとえば、読み方がわからない漢字や、初めて見た言葉を調べたいときは、言葉の基本的な意味を確認するのに適した

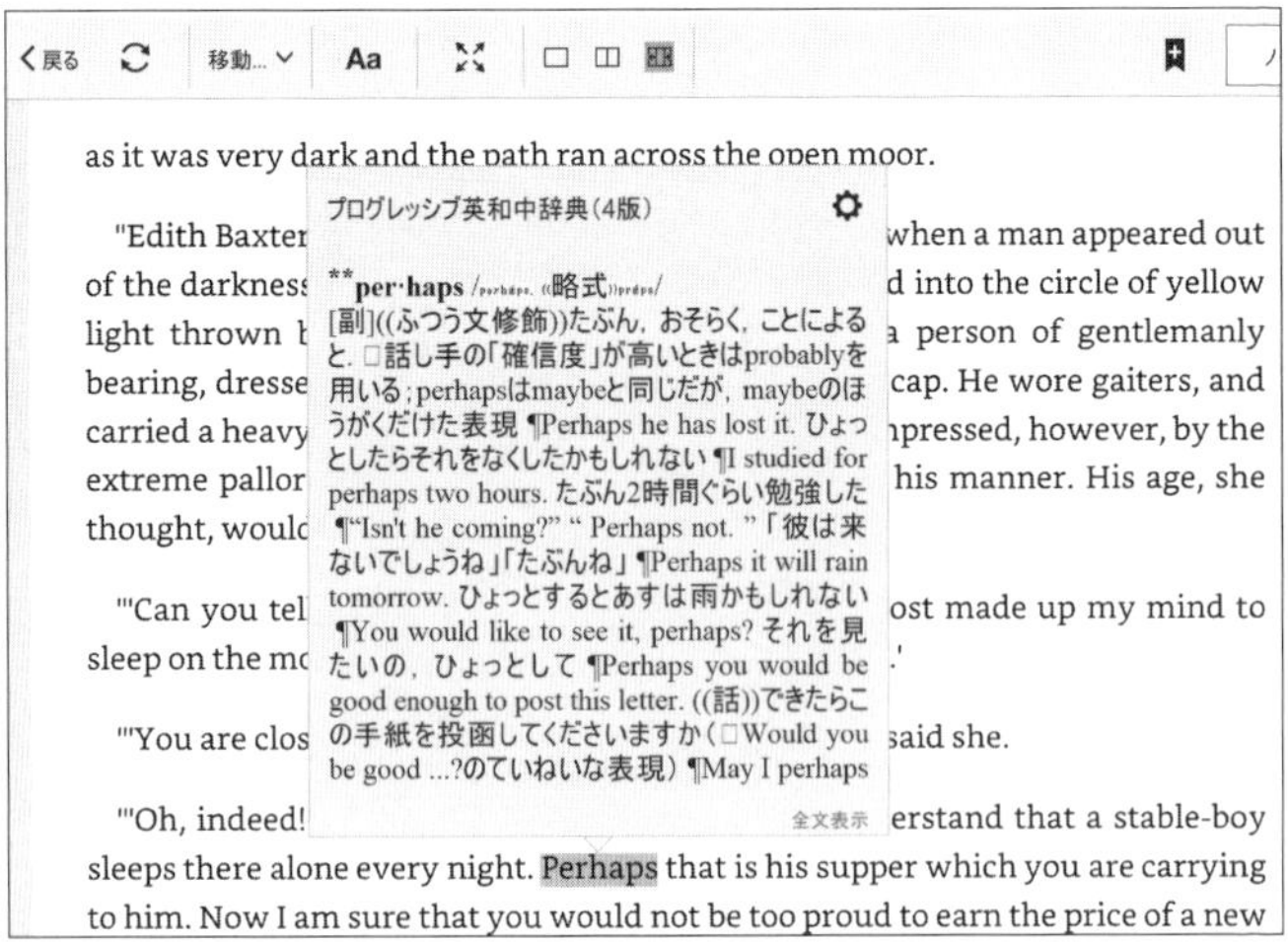

調べたい言葉をクリックして選択すると、画面下部に言葉の意味が表示される

日本語辞書を使いましょう。Mac版の場合、漢字の読み方がわからないときは、辞書の右上にあるスピーカーマークをクリックすると音声で読み上げます。

固有名詞や専門用語のように、より詳細な説明や背景情報が知りたい場合は、Wikipediaが役立ちます。たとえば、「明治維新」という言葉を調べる場合、辞書では簡単な定義が得られますが、Wikipediaではその歴史的背景や影響などのより深い情報を得ることができます。

英文を読む時は、翻訳（Translate）辞書が役立ちます（Mac版のみ）。意味を知りたい英文を丸ごと選択すると、翻訳辞書が訳した日本語の文章が表示されます。カコミの下にある「英語↓日本語」をクリックして別の言語を選択すれば、別の言語の文章を訳すこともできます。

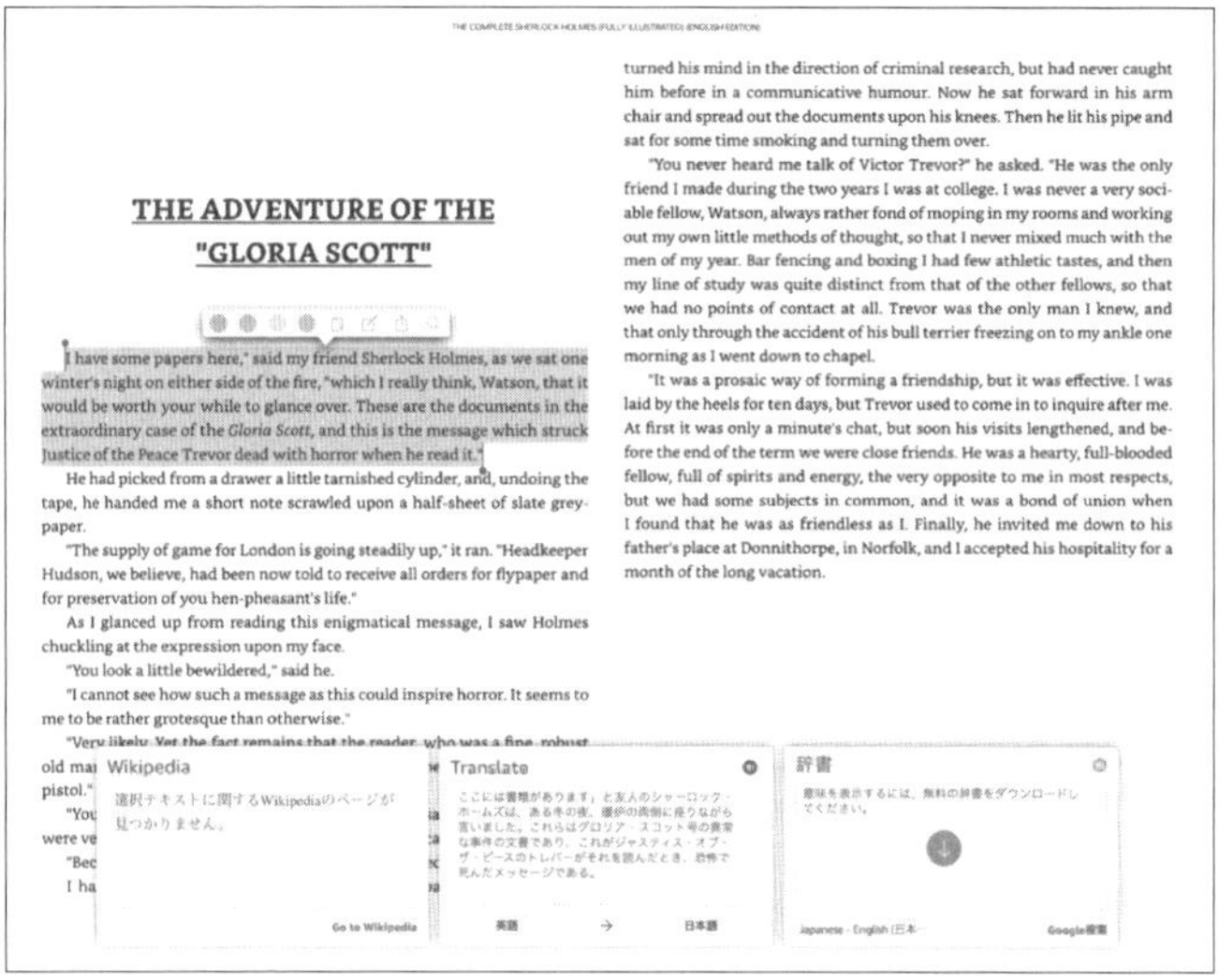

意味を知りたい英文を丸ごと選択すると、日本語訳が表示される（Mac版のみ）

■辞書機能とAIの併用テクニック

Ｋｉｎｄｌｅの辞書機能で基本的な意味を確認したあと、より理解を深めたい場合は生成ＡＩに質問してみましょう。辞書を使えば言葉の意味を調べることができますが、文脈から意味をくみ取ることはできません。「なぜこの作品のなかでこの言葉が使われたのか」「ここでこの言葉を使うことでどんな効果を狙えるのか」など、文脈から読み取る意味を知りたいときは、生成ＡＩが適しています。以下、質問事例を挙げます。

「サピエンス全史」（ユヴァル・ノア・ハラリ著）

「サピエンス全史で述べられている『想像上の秩序』という概念がよくわかりません。具体的な例を挙げて説明してください」

「FACTFULNESS」（ハンス・ロスリング他著）

「本書で紹介されている10の本能（ギャップ本能、ネガティビティ本能など）について教えてください。また、これらの本能による誤った判断を避けるための具体的な方法を提案してください」

このように、Ｋｉｎｄｌｅの辞書機能とＡＩを効果的に組み合わせることで、難しい言葉や古語、漢語など普段使わないような言葉の意味がわかるため、本の内容をより深く理解することができます。Ｋｉｎｄｌｅの日本語辞書で基本的な意味を確認し、必要に応じてＷｉｋｉｐｅｄｉａで詳細情報を得たあと、ＡＩツールを使用してさらに深い理解や多様な用例を探ることで、多角的な学習が可能になります。

この方法を習慣化することで、語彙力の向上、読解力の深化、そして日本文化や思想に対する理解を深めることができるでしょう。技術を味方につけ、より豊かで深い読書体験を楽しんでください。

『サピエンス全史』（ユヴァル・ノヴァ・ハラリ）で述べられている「想像上の秩序」という概念がよくわかりません。具体的な例を挙げて説明してください。

回答案を表示

『サピエンス全史』の「想像上の秩序」について、より詳しく解説します。

「想像上の秩序」とは？

ユヴァル・ノア・ハラリ氏が『サピエンス全史』で提唱する「想像上の秩序」とは、**人間が作り出した共有された信念や物語**のことです。それは、目に見えたり触れたりできるものではなく、あくまで人間の心の中に存在するものです。しかし、この「想像上の秩序」が、人類の社会を形作り、歴史を動かしてきたとハラリ氏は主張しています。

具体的な例

- **宗教:** 神々や来世の存在、宗教的な儀式や戒律などは、すべて「想像上の秩序」です。これらが、人々の行動規範となり、社会を一つにまとめる役割を果たしてきました。

生成AI「Gemini」を使って『サピエンス全史』に出てくる言葉の意味を尋ねている画面。単なる言葉の意味だけではなく、本の内容を考慮した上での意味を解説する

Column

スマホでAI読書

ＰＣでＫｉｎｄｌｅアプリを使って本を読んでいたのに、急に外出の時間になってしまった。しかし、そこで読書を中断する必要はありません。スマートフォンのＫｉｎｄｌｅアプリを使えば、外出先でも続きを読むことができます。

Ｋｉｎｄｌｅは、読書の進捗データをクラウドで共有しているため、ＰＣで読んでいた箇所からシームレスに続きを読み進められます。読む端末が変わっても、本のページをめくる感覚で読書を続けられるので安心です。

スマートフォンでの読書中でも、ＡＩによる支援を受けることができます。難しい言葉や概念に出会ったときは、スマートフォンにインストールしたＡＩアプリを使って即座に調べればいいのですから。たとえば、本文の一部をコピーしてＡＩアプリに貼り付け、「この部分について詳しく説明して」と尋ねれば、ＡＩが丁寧に解説してくれます。スマートフォンでもＡＩ読書を楽しむために、あらかじめＡＩアプリをインストールしておきましょう。

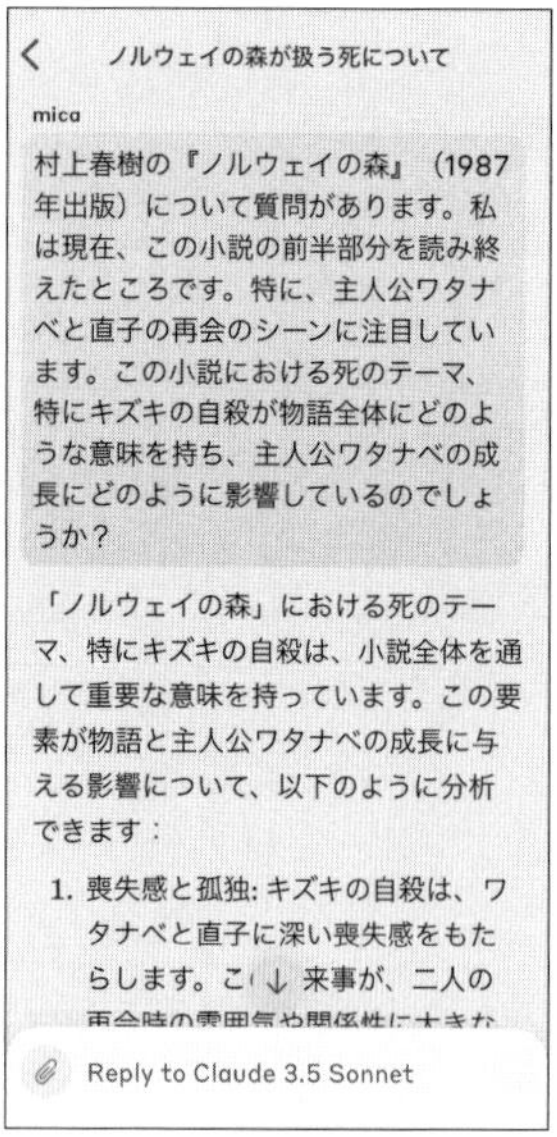

スマートフォンのClaudeアプリ画面。質問に対して的確な回答が返ってくる

第4章

読書後のアウトプットと理解の深化

ハイライトを活かす
印象に残る読書メモの作り方

本を読んでいると、書かれていることに感銘を受けたり、大きなヒントを得たりすることがあります。しかしそのとき感じたことを書き留めておかなければ、時間の経過とともに忘れてしまうかもしれません。得た知識を定着させ、自分の血肉にするには、読書後のアウトプットが必要です。ここでは、本を読んで感じたことや知ったことを記録として残す方法について解説します。

■効果的なハイライトの付け方

読書する際、印象に残った文章や大切な箇所にマーカーを引く人は多いのではないでしょうか。紙の本の場合、ペンや付箋を使って大事な文章を目立たせることができますが、電子書籍の場合はどうでしょうか。実はＫｉｎｄｌｅにはハイライト機能やメモ機能が搭載されており、この機能を活用すれば大事な文章にメモや付箋を貼ることができます。

　Ｋｉｎｄｌｅでハイライトを付けるには、印を付けたい文章をカーソルで選択します。すると選択した文章が青色に反転し、「ハイライト」「メモ」「共有」などのオプションが表示されます。ここで「ハイライト」を選択すれば、その文章にカラーのラインが引かれ、ハイライトが完了します。ハイライトの色は、デフォルトでは黄色ですが、設定から変更することも可能です。

　本を読んでいてなにかを思いついたときは、そのアイデアをメモに残しましょう。青色に反転した文章の近くにオプションが表示されたら、そのなかの「メモ」を選択します。あるいはハイライト部分にカーソルを置くと、同様のオプションが表示され、アイデアや備忘録を記入できるようになります。自分の感想や解釈、関連情報などをメモしておけば、後で読み直したときに以前感じたことを思い出せるでしょう。

　ハイライトの色はハイライトをつける際に変更可能です。Ｋｉｎｄｌｅでは、黄色、青、ピンク、オレンジの４色からハイ

文章を選択すると表示されるメニュー。ハイライトをつけるには、色を選択する

ライトの色を選べます。この色分け機能を使ってカテゴリ分類しておくと、あとで読書メモを作る際に便利です。
たとえば、次のように色を割り当てることができます。

黄色：重要なキーワードや概念
青：著者の主張や結論
ピンク：自分の意見や感想
オレンジ：後で調べたいトピックや参考情報

このように色分けしておけば、ハイライトの役割が明確になり、後でハイライトを使った読書メモを作る際にカテゴリごとに分類してまとめることができます。この色分けはあくまで一例ですので、自分なりのルールを決めて実践してみてください。

■ハイライトをもとに読書メモを作成する

ハイライトやメモを貼り付けたら、次はそれらを読書メモとし

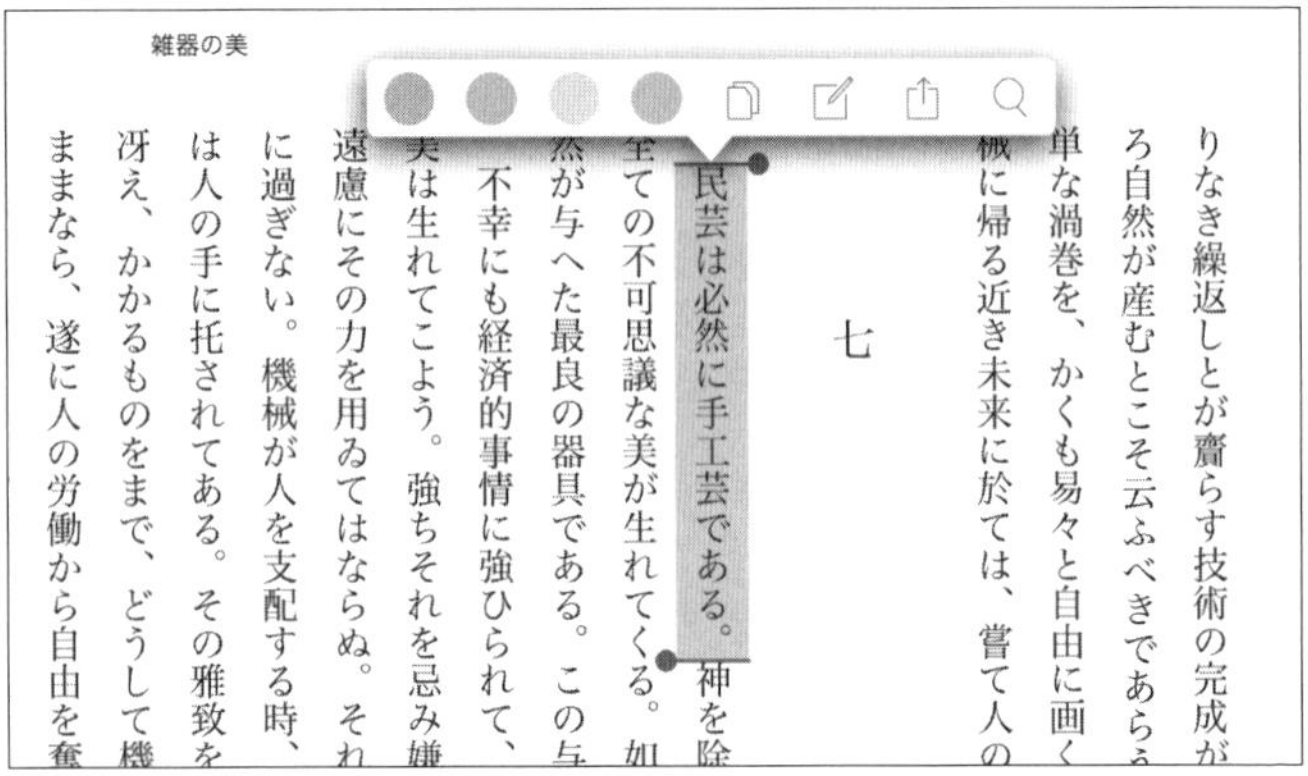

Mac版Kindleアプリ画面。Windows版同様、テキストを選択した状態で色を選ぶとハイライトがつく

てまとめてみましょう。Kindleアプリの右上にあるメモアイコンをクリックすると、ハイライトした文章の一覧が表示されます。次に共有アイコンをクリックすると、ハイライトとメモが一覧表示されているHTMLファイルが保存されます。

　こうして保存されたHTMLファイルは、そのままだと使いづらいので、WebブラウザなどでHTMLファイルを開き、テキストをコピーしてメモやWordに貼り付けて保存し

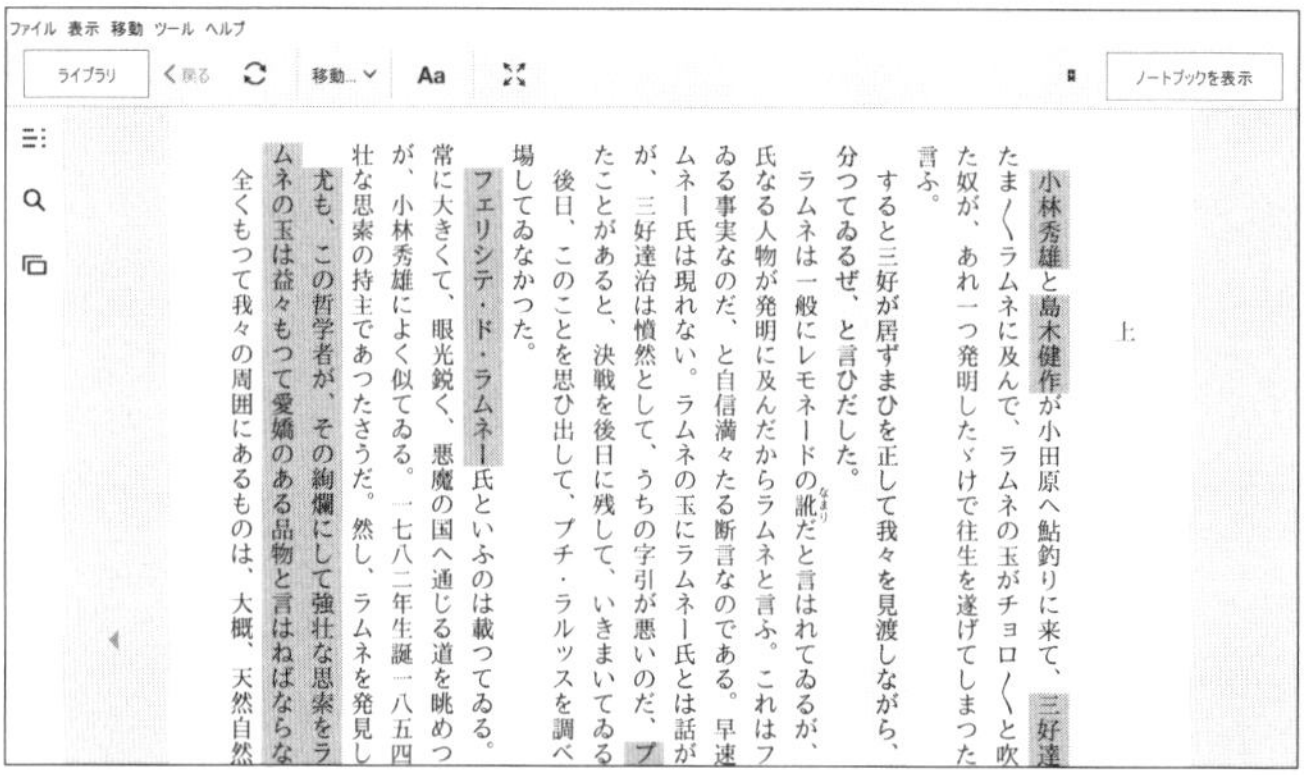

画面右上の「ノートブックを表示」をクリックすると、ハイライトやメモが一覧表示される

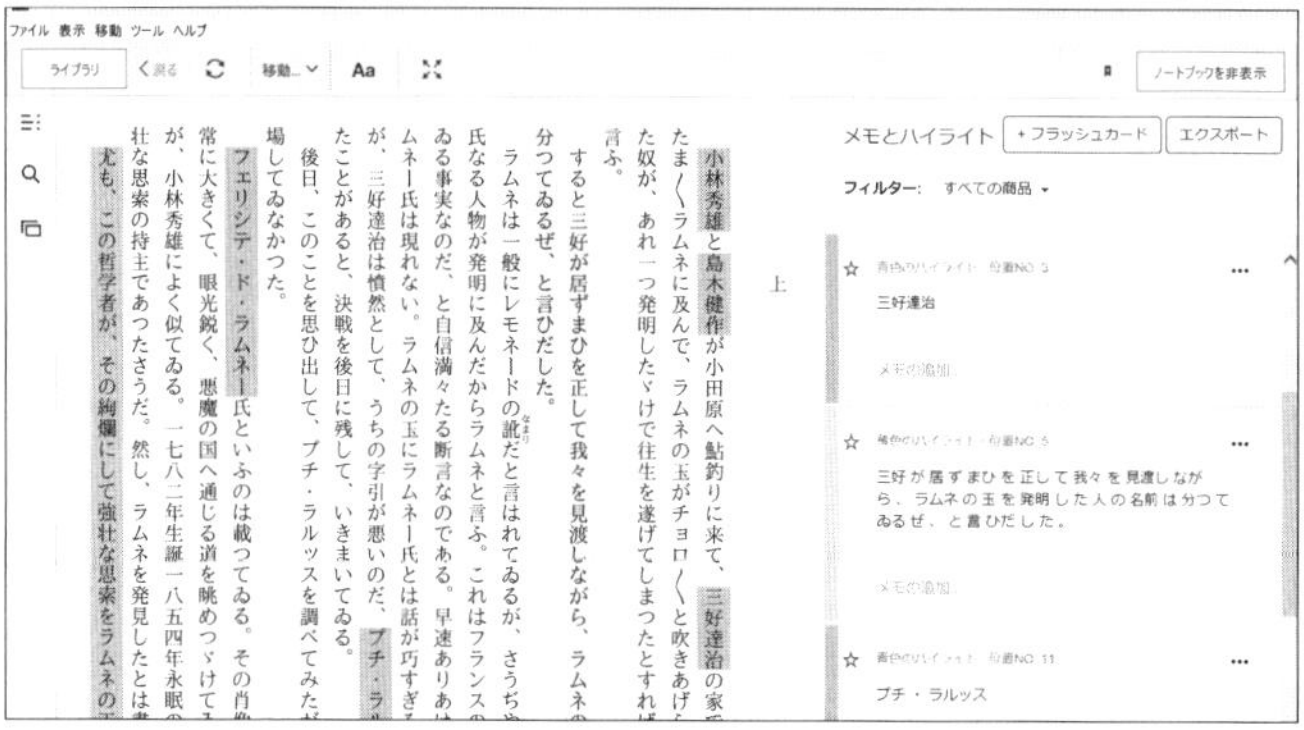

「エクスポート」をクリックし、「名前を付けて保存」をクリックするとHTMLファイルが保存される

ましょう。

もう1つ、メモやハイライトをテキストとして保存する方法があります。Amazonには、Kindleのメモとハイライトをまとめて表示する「メモとハイライト」というWebサービスがあります。WebブラウザのURL欄に下記のURLを入力すると、「メモとハイライト」ページが開きます。

ページが開いたら、テキストをコピーしてメモやWordに貼り付けて保存します。このとき、単にハイライトやメモを羅列するのではなく、関連する内容をグループ化したり、自分の言葉で要約を加えたりするとよいでしょう。さらに、それぞれのハイライトについてなぜ印象に残ったのか、どのような気づきがあったのかを書き添えると、ただのハイライト集ではない、自分だけの読書メモが完成します。

■読書メモ作成に役立つデジタルツール

読書メモを作る際、メモやWordを使ってもよいのですが、あとで読書メモを検索したり、レポートを書く際の資料として使ったりす

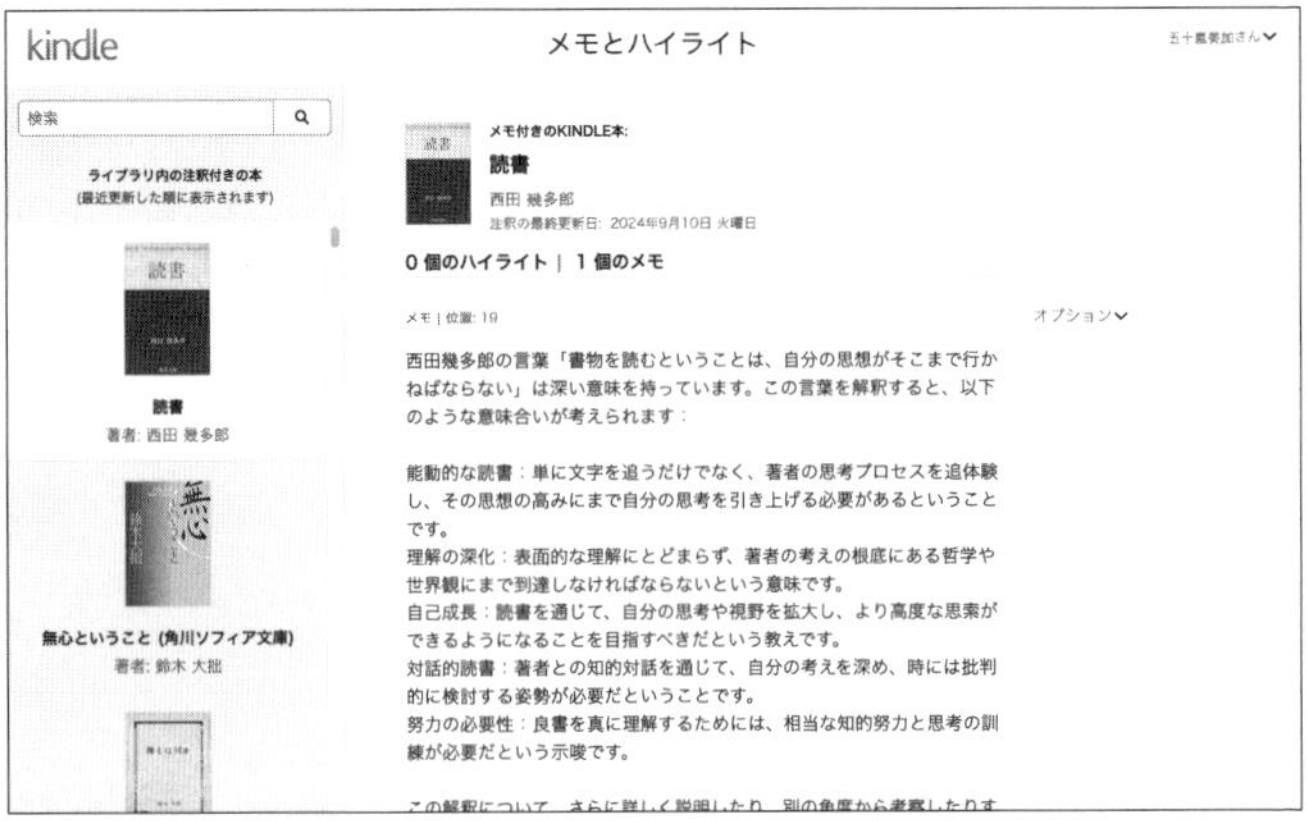

https://read.amazon.co.jp/notebook

る場合は、以下で紹介するデータベースアプリに保存しておくことをおすすめします。データベースアプリに保存しておけば、必要なときにすぐに取り出したり、あとでデータを追加したりすることがやりやすくなります。ここでは、読書メモを残すのに便利なデータベースアプリを紹介します。

Notion（ノーション）

ドキュメント作成に特化したアプリ。階層構造でメモを整理でき、リンクやデータベース機能も充実しています。読書メモを体系的に管理するのに適しています。

Notionの特徴は、ページとデータベースを自由に組み合わせて情報を構造化できること。たとえば、「本棚」というデータベースを作り、そこに各書籍のページを紐づけることができます。書籍ページの中に読書メモを保存したり、関連するWebサイトにリンクを貼ったりと、知識を有機的に結びつけられるのです。

Notionはテンプレート機能が充実しています。読書メモ用の

Aa 名前	作成日時	著者	出版社	出版年
すごい哲学	2020年5月12日 23:03	伊藤賀一	KADOKAWA	2018
禅 x マインドフルネス	2019年12月30日 12:17	落合陽一	NewsPicks	2019
禅の思想	2019年8月18日 6:37	鈴木大拙	岩波書店	2021
天才が語る──サヴァン、アスペルガー、共感覚の世界	2019年8月17日 20:57	ダニエル・タメット	講談社	2011
無心ということ	2019年1月6日 10:46	鈴木大拙	角川学芸出版	2007
嫌われる勇気	2018年8月5日 10:17	岸見 一郎	ダイヤモンド社	2013
人生の意味の心理学	2017年8月19日 15:24	アルフレッド・アドラー	アルテ	2022
選択の科学	2017年7月17日 21:35	シーナ・アイエンガー	文藝春秋	2014
僧侶が語る死の正体	2015年11月7日 10:38	ネルケ無方	サンガ	2016
鈴木大拙全集 第十二巻	2015年9月26日 16:34	鈴木大拙	岩波書店	2000
禅の思想	2015年8月6日 13:48	鈴木大拙	岩波書店	2021
ソクラテスのカフェ	2014年6月6日 17:57	マルク・ソーテ	紀伊國屋書店	1998
井上円了: その哲学・思想	2014年2月8日 21:01	竹村牧男	春秋社	2017
入門 哲学としての仏教	2014年2月7日 22:14	竹村牧男	講談社	2009
ダヴィンチ「これなんぼや？」	2011年8月25日 15:14	内田樹/名越康文/橋口いくよ	KADOKAWA	2011
一生幸福になる超訳般若心経	2011年4月9日 17:03	苫米地英人	学研プラス	2011
鉄鼠の檻	2010年7月10日 14:25	京極夏彦	講談社	2001
続ける思考	2024年2月24日 10:52	井上新八	ディスカヴァー・トゥエンティ	2023
中動態の世界	2024年2月24日 10:52	國分功一郎	医学書院	2017
空海論／仏教論	2024年2月24日 10:53	清水高志	以文社	2023
今日のアニミズム	2024年2月24日 10:54	清水高志	以文社	2021

Notionで作った読書データベースの例

テンプレートを作っておけば、新しい本を読むたびに同じフォーマットのメモを簡単に作成できます。テンプレートは他のユーザーと共有することも可能で、優れたテンプレートを使えば読書メモ作成の効率が大きく上がるでしょう。

Notionは無料プランでもかなりの機能を使えますが、有料プランではコラボレーション機能が使えるようになります。読書仲間と共同でデータベースを作ったり、お互いの読書メモを共有し合ったりするのも楽しいかもしれません。

なお、ここで紹介した本棚データベースのテンプレートは無料配布しています。以下のQRコードでアクセスし、複製してお使いください。

Evernote（エバーノート）

検索性が高いクラウドベースのノートアプリ。ハイライトとメモを整理するのに便利で、複数のデバイス間で同期できます。タグ付けによる分類も可能で、非構造化データベースとしても使え

テンプレート無料配布URL
https://www.office-mica.com/magazine/reading_notes/

Webマガジン 別冊マイカWebマガジン 別冊マイカ
Notionテンプレート：読書メモ – Webマガジン 別冊マイカ
『AI時代の「超」読書術』で紹介した、Notionで使える読書データベースのテンプレートです。利用をご希望の方は、下記URLを開き、右上の複製ボタンをクリックし、ご自身のNotionにコピーしてお使いください。

ます。

Evernoteの最大の特徴は、あらゆる種類の情報を一元管理できること。テキストだけでなく、画像、音声、PDFなどもノートに添付できます。この機能を使えば、読書メモに関連する資料や参考情報もまとめて保存できるでしょう。

また、EvernoteはOCR（光学文字認識）機能を備えているため、読書メモを手書きで作成し、それを画像として取り込めば文字情報を認識し、検索可能です。紙の読書ノートをデジタル化したい場合に便利です。

Evernoteは、無料プランでも十分使えますが、有料プランに移行すればより大容量のデータを扱えるようになります。読書量が多く、たくさんの読書メモを蓄積していきたい方には有料プランがおすすめです。

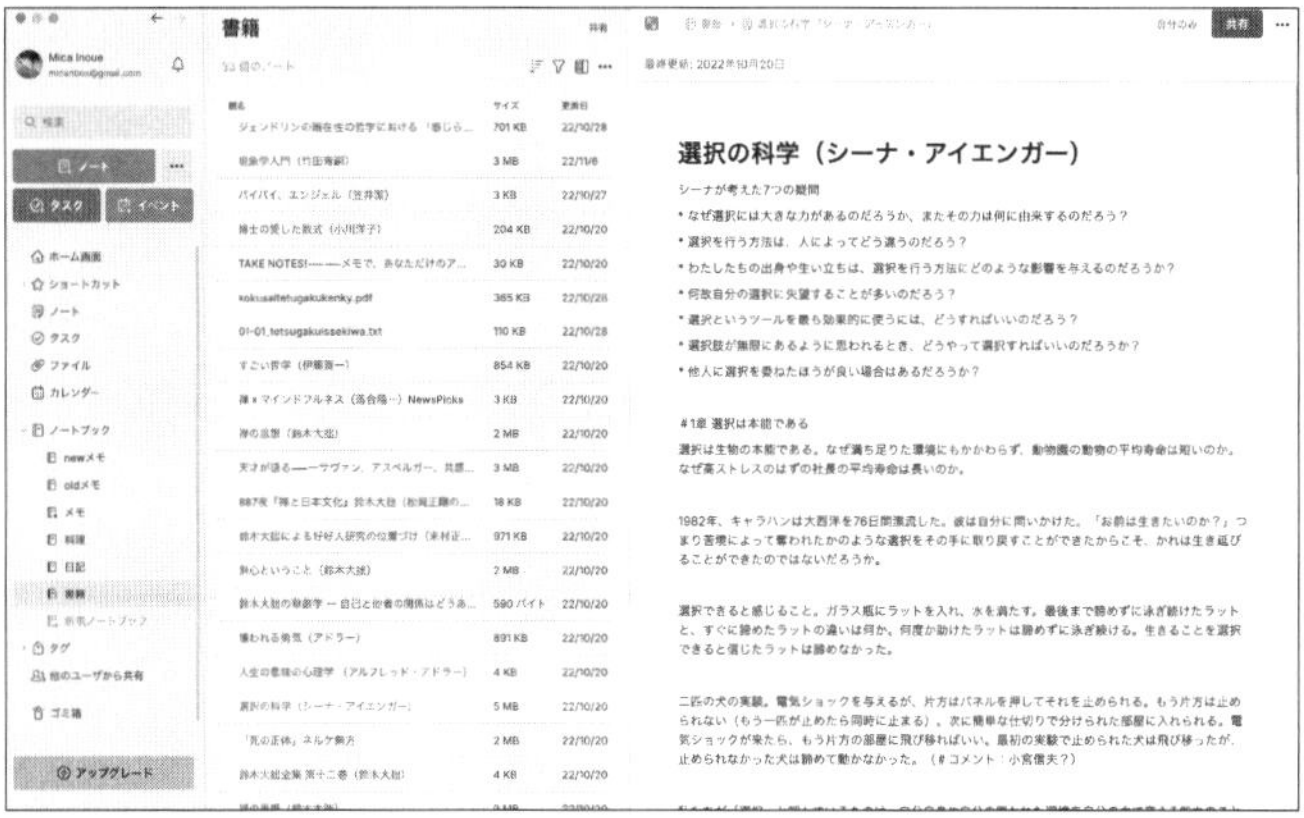

Evernoteを使った読書データベースの例

AIアシスタントと作る効率的な読書メモの作り方

ここまで、Ｋｉｎｄｌｅのハイライト機能を活用した読書メモの作成方法を紹介しました。しかし、ハイライトした文章を手動で整理し、メモにまとめるのは手間がかかります。そこで、ＡＩ技術を使ってこの作業を効率化する方法を考えてみましょう。

■読書メモで要約をまとめる

読書メモを作成する際、ＡＩを活用するとメモの内容がさらにわかりやすくなります。ハイライトやメモをまとめたテキストをコピーし、ＡＩにコピーしたテキストを貼り付けます。

この時、ＡＩに具体的な指示を与えることが重要です。目的にあった指示を提示す

以下のハイライトとメモから、本の内容を要約してください。
- 要約は、本の主要なトピックと重要な主張を含めること
- 各トピックの要点を簡潔にまとめ、全体で800字程度におさめること
- 本の結論や著者の提言にも触れること

れば、活用しやすい読書メモを作成できます。

本の要約をまとめたいときは、その要約に含めたい要素を指示に含める必要があります。たとえば、ビジネス実用書の要約をまとめたいときは、主要なトピックと重要な主張を要約の中に入れたほうがよいでしょう。また、結論や提言も欠かすことはできません。もし文字数の制限があれば、それも指示しておくとよいでしょう。

■理解を深める読書メモを作る

本の内容を整理し、理解を深めたいときは、その目的に合った読書メモを作る必要があります。その場合、まず押さえておきたいのは中心となる論点です。また、主張を裏付ける根拠があれば、それも知っておく必要があります。内容をさらに深掘りしたい時は、反論や疑問点を挙げていくのもよいでしょう。

■感想をまとめた読書メモを作る

自分がこの本からどんなことを感じたのかということを客観的に知るため、ＡＩに感想文

以下のハイライトとメモを読み、次の質問に答えてください。
・本の中心となる論点は何か?
・著者の主張を裏付ける根拠やデータにはどのようなものがあるか?
・本の内容に対して疑問点や反論はあるか?
・本から学ぶべき最も重要な教訓は何か?

を書いてもらいましょう。ハイライトやメモには、そのとき感じたことや、感銘を受けた文章などが書かれています。そこから自分が感じたことを感想文としてまとめることで、本の内容を自分なりに解釈し、得られた学びを言語化することができます。

このように、ＡＩを使えば読書メモを作ることができますが、そこで終わらせるのではなく、このメモを土台として自分の言葉で読書メモを完成させる作業を加えることで、本を読んで感じたことや学んだことを明確にすることができます。たとえば最後の感想文の場合、書かれた文章を読んで違和感があれば、その違和感をなくすにはどうすればいいかなど、修正案を考えてみましょう。

以下のハイライトとメモを参考に、この本を読んだ感想を800字程度で書いてください。
・本を読んで最も印象に残ったエピソードや主張は何か、それはなぜか
・本の内容に共感できた点、疑問に感じた点はそれぞれ何か
・この本から得られた新しい気づきや学びは何か
・この本を読んで、自分の考え方や行動にどのような変化があったか、またはありそうか

Column

AIメモと手書きメモの融合

ＡＩを活用した読書メモは効率的で整理しやすいですが、手書きメモにも独自の利点があります。この二つの方法を融合させることで、より効果的な記憶定着が可能になります。

ＡＩメモの強みは、大量の情報を素早く処理し、構造化された形で整理できることです。キーワードの抽出や要約の作成、関連情報の提示などが容易に行えます。一方、手書きメモは脳の活性化や創造性の促進に効果があると言われています。書く行為自体が記憶を強化し、個人的な考えや感情を自由に書き込めるという利点もあります。

これらを組み合わせる方法として、以下のアプローチが効果的です。まず、本を読みながらＡＩを使って基本的な要約や重要ポイントを抽出します。次に、その内容を手書きでノートに書き写します。このとき、ＡＩが抽出した情報を単に転記するのではなく、自分の言葉で言い換えたり、図や矢印を使って関連性を視覚化したりするとよいでしょう。余白があれば、そこに自分の考えや疑問、感想を自由に書き込むこともできます。この作業を通じて、ＡＩの効率的な情報処理能力と、手書きによる脳の活性化と整理が進みます。

また、デジタルデータと物理的なノートの両方を持つことで、状況に応じて適切な方法で復習することができます。たとえば、通勤中はスマートフォンでＡＩが作成したデジタルメモを確認し、自宅では手書きのノートを見直すというように使い分けることで、多角的な復習が可能になるでしょう。

理解度を確認しよう

AIが出題する読書クイズ

読書メモの作成は、本の内容理解を深めるのに有効です。しかし、多くの人はメモを書いたことで満足し、あまり見直さないようです。実際、読んだ内容の大半は時間とともに忘れてしまうものです。せっかく得た知識を確実に定着させるには、能動的な復習が不可欠です。そこで、ここでは読書メモを作成した後、ＡＩのクイズを使って記憶を定着させる方法を解説します。

■クイズをＡＩで作ろう

読書クイズには、いくつかの重要な利点があります。まず、読書メモを作る過程では、自分が本の内容を理解できていると錯覚しがちですが、クイズに取り組むことで、自分の理解度を客観的に評価できます。また、クイズに答えるためには、本の内容を能動的に思い出す必要があります。この思い出そうとする過程が、知識の定着を促進するのです。

さらに、クイズに答えられない部分は、自分の理解が不十分な箇所である可能性が高いため、クイズを通して理解の盲点を発見し、重点的に復習することができます。加えて、クイズには本の内容を単に再現するだけでなく、応用問題も含まれるため、このような問題に取り組むことで、得た知識を実際の場面で活用する力を養えます。

このように、読書クイズは単なる知識の確認にとどまらず、能動的な学習を促し、知識の定着と応用力の向上に役立ちます。しかし、自分でクイズを作成すると内容が偏ってしまいます。そこで、ＡＩの力を借りて効果的な読書クイズを作成する方法を紹介します。

■本の理解度をクイズで確認する

本の理解度を確認するために、ＡＩを使ってクイズを作成してみましょう。ＡＩが出題するクイズは、本の重要ポイントを押さえた質問になっているのが特徴です。自分では見落としがちな部分も、ＡＩは的確に拾い上げます。このクイズに挑戦することで、自身の理解度を客観的に評価できるでしょう。

まず、読み終えた本のタイトルを指定し、その内容に基づいたクイズをＡＩに依頼します。

以下の本の内容に基づいて、選択式のクイズを5問作成してください。
(本のタイトルを入力)
・ 各問題には4つの選択肢を設け、そのうち1つが正解となるようにしてください。
・ 問題文と選択肢だけでなく、各問題の解説も付けてください。

具体的には、本のタイトルを入力し、その本の内容に基づいた選択式のクイズを5問作成するようＡＩに指示します。その際、各問題には4つの選択肢を設け、そのうち1つが正解となるようにします。また、問題文と選択肢だけでなく、各問題の解説も付けるように指示しましょう。ただし、新しい出版物についてはＡＩのデータが十分ではないため、正しくない回答が表示されることがあります。

■ハイライトやメモを使ってクイズを作る

本のタイトルだけでなく、自分がハイライトしたり、メモを残したりした部分をＡＩに提示し、それらを元にクイズを作成することもできます。この場合、ハイライトとメモを貼り付け、それらを参考に選択式のクイズを5問作成するようＡＩに指示します。その際、ハイライトとメモに直接関連する内容だけでなく、本全体の理解を確認できるような問題も含めるように指示するとよいでしょう。

以下のハイライトとメモを参考に、この本の内容に関する選択式のクイズを5問作成してください。
(ハイライトとメモを貼り付ける)
・各問題には4つの選択肢を設け、そのうち1つが正解となるようにしてください。
・問題文と選択肢だけでなく、各問題の解説も付けてください。
・ハイライトとメモに直接関連する内容だけでなく、本全体の理解を確認できるような問題も含めてください。

■回答をもとに理解度を判断する

作成されたクイズに解答した後、自分の解答をＡＩに提示し、理解度の判定を依頼しましょう。具体的には、自分の解答を貼り付け、正解した問題、不正解だった問題をそれぞれ指摘するよう指示します。また、理解度を１００点満点で評価し、その理由を説明してもらうとともに、理解が不十分だと思われる部分のアドバイスもリクエストします。

■クイズ結果を基にした復習法

ＡＩによる理解度の評価を受けた後、自分の理解が間違っているところがあれば、具体的に指摘するよう伝えましょう。そのためには、ＡＩに対し、誤って理解していると思われる箇所、その誤りの原因となった本の部分、正しい理解になるための補足説明を求めます。

以下は、先ほど作成してもらったクイズへの私の解答です。
（自分の解答を貼り付ける）

この解答を見て、私の本の理解度を評価してください。
・私が正解した問題、不正解だった問題をそれぞれ指摘してください。
・私の理解度を100点満点で評価し、その理由を説明してください。
・私の理解が不十分だと思われる部分について、アドバイスをお願いします。

先ほどの理解度評価を踏まえ、以下の点について詳しく説明してください。
・私が誤って理解していると思われる箇所はどこですか?
・その誤りは、本のどの部分を読み違えたことが原因だと考えられますか?
・正しい理解になるよう、補足説明をお願いします。

■さらに理解を深めるためのクイズ

自分の理解度に合わせて、さらなるクイズをＡＩに作成することもできます。その際は、理解度評価とフィードバックを参考に、理解できていない部分を中心に掘り下げた内容の問題を作成します。また、本の内容に関連する発展的な問題も１～２問含めるようにしましょう。

ＡＩによるクイズとフィードバックを通して、自分の理解が不十分だった部分が明確になったら、その部分を中心に本を復習しましょう。関連するハイライトやメモ、ＡＩからの説明を参考に、知識を整理し、定着させることが大切です。

このように、ＡＩを活用した読書クイズは、自学自習の強力な味方となります。自分の理解度を客観的に測り、弱点を効率的に補強できる点が大きな利点です。また、ＡＩによる丁寧な解説は、知識の定着を助けてくれるでしょう。本を読んで満足するのではなく、理解を確実なものにするために、ＡＩによる読書クイズを活用してみてください。

ＡＩを活用した読書クイズとメモ評価は、自学自習の強力な味方です。自分の理解度を客観的に測り、弱点を効率的に補強できます。また、ＡＩによる多角的な解説は、知識の定着を助けてくれるでしょう。

先ほどの理解度評価とフィードバックを参考に、私の理解をさらに深めるためのクイズを5問作成してください。

- 私が理解できていない部分を中心に、掘り下げた内容の問題を出題してください。
- 問題文と選択肢だけでなく、各問題の解説も付けてください。
- 本の内容に関連する発展的な問題も1 ～ 2問含めてください。

Column

オンライン読書会でAIクイズを活用する

5章ではオンライン読書会の活用について解説していますが、そこでＡＩクイズを活用する方法について考えてみましょう。ＡＩが作成する読書クイズは、個人の理解度チェックに役立つだけでなく、他の読者との交流や競争の場を生み出す可能性を秘めています。

オンライン読書会で話を始めるきっかけとして、ＡＩクイズを使うのもよいかもしれません。ＡＩが本の内容に関するクイズを作成し、各参加者はそのクイズに取り組んだ後、それぞれ回答します。全員の回答が出揃った後に答え合わせをし、その結果を基に、参加者同士でディスカッションを行ってみましょう。誤答の多かった問題や、特に印象に残った問題について意見を交換することで、本の内容に関するより深い洞察が得られます。

参加者それぞれのＡＩクイズを交換して挑戦し合うのもおもしろいかもしれません。ＡＩは個人の理解度や興味に基づいてクイズを作成するため、同じ本でも参加者ごとに異なるクイズが生成されます。これにより、他の参加者の視点や解釈を知る機会が生まれ、本に対する多角的な理解が促進されます。

このような読書会に参加することで、本の内容を確認するだけでなく、競争心や他者との交流を通じて読書へのモチベーションを高められることです。もちろんＡＩクイズに頼りすぎず、自分の理解や解釈を大切にすることも重要です。しかし、この新しいアプローチは、読書をより楽しく、そして学びの多い体験にする可能性を秘めています。興味のある方は、ぜひ一度試してみてください。

AIと共に作る読書ブログ

思考を整理し発信する

122ページや130ページでは、読書から得た学びや感想を読書メモにまとめる方法について解説しました。ここでは、その内容をもとに読書ブログを作成する方法について解説します。

ブログを書くことは、自分の考えを整理し、他者に伝えるための効果的な方法の一つです。しかし読書の感想をブログにまとめるのは、意外と大変な作業です。内容の整理、文章の構成、読者を引き付ける書き方など、考えるべきことは多岐にわたります。

そこで、本節ではこれまで解説してきた読書メモを利用し、AIを使って効率的に読書ブログを作成する方法を紹介します。AIを適切に使えば、ブログ作成のハードルを下げ、より多くの人が読書の感想を発信できるようになるでしょう。読書メモ作成の手順を踏まえながら、それをブログ記事へと発展させる方法を見ていきましょう。

■コンセプトと構成を考える

読書ブログを書く際の第一歩は、ブログのコンセプトを明確にすることです。「この本を読んで何を伝えたいのか」「どんな問題意識からこの本を手に取ったのか」といった点を整理しましょう。また、想定する読者層を意識することも大切です。自分が発信したい内容が、どんな人の興味や関心に応えるものなのかを考えておくと、ブログの方向性が定まります。

コンセプトが決まったら、次は記事の構成を考えます。基本的な構成要素は以下の通りです。

1. はじめに（問題提起、読書動機など）
2. 本の概要紹介
3. 本の内容に対する感想や考察
4. 本から得られる教訓や提言
5. まとめ（本の価値、読者への推奨など）

■読書メモをもとに記事を作成する

これらの要素を盛り込みつつ、自分なりの主張を展開していくのが読書ブログを執筆する際の基本的な流れです。

ここで活躍するのが、これまで作成してきた読書メモです。

まずは、読書メモをベースにブログ記事の骨子を作りましょう。本のタイトル、著者、要約、キーワード、印象に残った点などをリストアップし、記事の大まかな流れを整理します。

次に、この骨子をもとにAIにブログ記事の原稿を作成してもらいます。AIに骨子の内容を入力し、「この骨子をもとに、○○字程度のブログ記事を作成してください」と指示を出します。このとき、「本の魅力が伝わるような書き出しを考えてください」「読者の興味を引く問いかけを適宜入れてください」といった細かな指示を加えることで、よりエンゲージメントの高い記事を生成できます。

次のページに、具体的な指示の例を紹介しています。

このように、プロンプトを工夫することで自分の意図に沿った読書ブログ記事をAIに生成してもらえます。ポイントは、記事のトーン、強調したい観点、ターゲット読者、構成など、できるだけ具体的な指示を与えることです。

AIが生成した原稿をそのまま使ってもいいですが、できればそれをベースに自分なりの言葉を加えることをおすすめします。AI原稿をたたき台として、自分の感想を膨らませたり、考察を深めたりしていきましょう。原稿に具体的な経験談を盛り込んだり、本の内容を自分なりの視点で言い換えたりすることで、自分が感じたことが伝わる記事が仕上がります。

【基本的な記事の生成を依頼する】

以下の骨子をもとに、1000字程度の読書ブログ記事を作成してください。
（骨子の内容を貼り付ける）
・ 読者を引き付ける書き出しを考えてください。
・ 各パートがなめらかにつながるよう意識してください。
・ 読みやすく、 親しみやすい文体で書いてください。

【特定の観点を重視するよう指示する】

以下の骨子をもとに、1200字程度の読書ブログ記事を作成してください。
（骨子の内容を貼り付ける）
・ 本の内容と私の経験を結びつけるエピソードを2つ以上盛り込んでください。
・ 本から学んだ教訓を、 具体的な行動指針の形で提示してください。
・ 記事全体を通して、「わかりやすさ」と「実用性」を重視してください。

【ターゲット読者を意識した記事を依頼する】

以下の骨子をもとに、800字程度の読書ブログ記事を作成してください。
（骨子の内容を貼り付ける）
・ この記事の想定読者は、 ビジネスパーソン（特に管理職）です。
・ 本の内容を、 ビジネスの文脈で捉え直し、 実践的な示唆を与えてください。
・ 専門用語は控えめにし、 誰にでも理解できる平易な語り口を心がけてください。

【記事の設計図を細かく指定する】

以下の骨子をもとに、1500字程度の読書ブログ記事を作成してください。
（骨子の内容を貼り付ける）
・ 記事の構成は以下の通りにしてください。
1. 問題提起（200字）
2. 本の紹介（300字）
3. 本の内容と私の考察（600字）
4. 実践へのアドバイス（300字）
5. まとめ（100字）
・ それぞれのパートの冒頭に、 読者の興味を引く問いかけを入れてください。
・ 全体を通して、私の個性が感じられる独自の視点を打ち出してください。

■ＡＩを使って記事を推敲する

記事の推敲作業でもＡＩの力を借りることができます。自分である程度手を加えた原稿をＡＩに読ませ、「この記事の文章を推敲してください」「読者の心に響く表現になるようアドバイスしてください」と依頼してみましょう。ＡＩは文章の論理展開や表現の巧拙を分析し、より洗練された文章へのアドバイスを提示します。また、誤字脱字の指摘や表記の統一といった校正作業も依頼できます。

ただし、ＡＩからのアドバイスは絶対のものではありません。最終的な判断は自分で下すことが重要です。「読者にこう伝えたい」という著者の想いを大切にしながら、ＡＩの提案を取り入れるか取り入れないか、一つ一つ吟味していきましょう。

記事の内容が固まったら、最後にタイトルを考えます。ブログ記事のタイトルは、読者の目を引く重要な要素です。こ

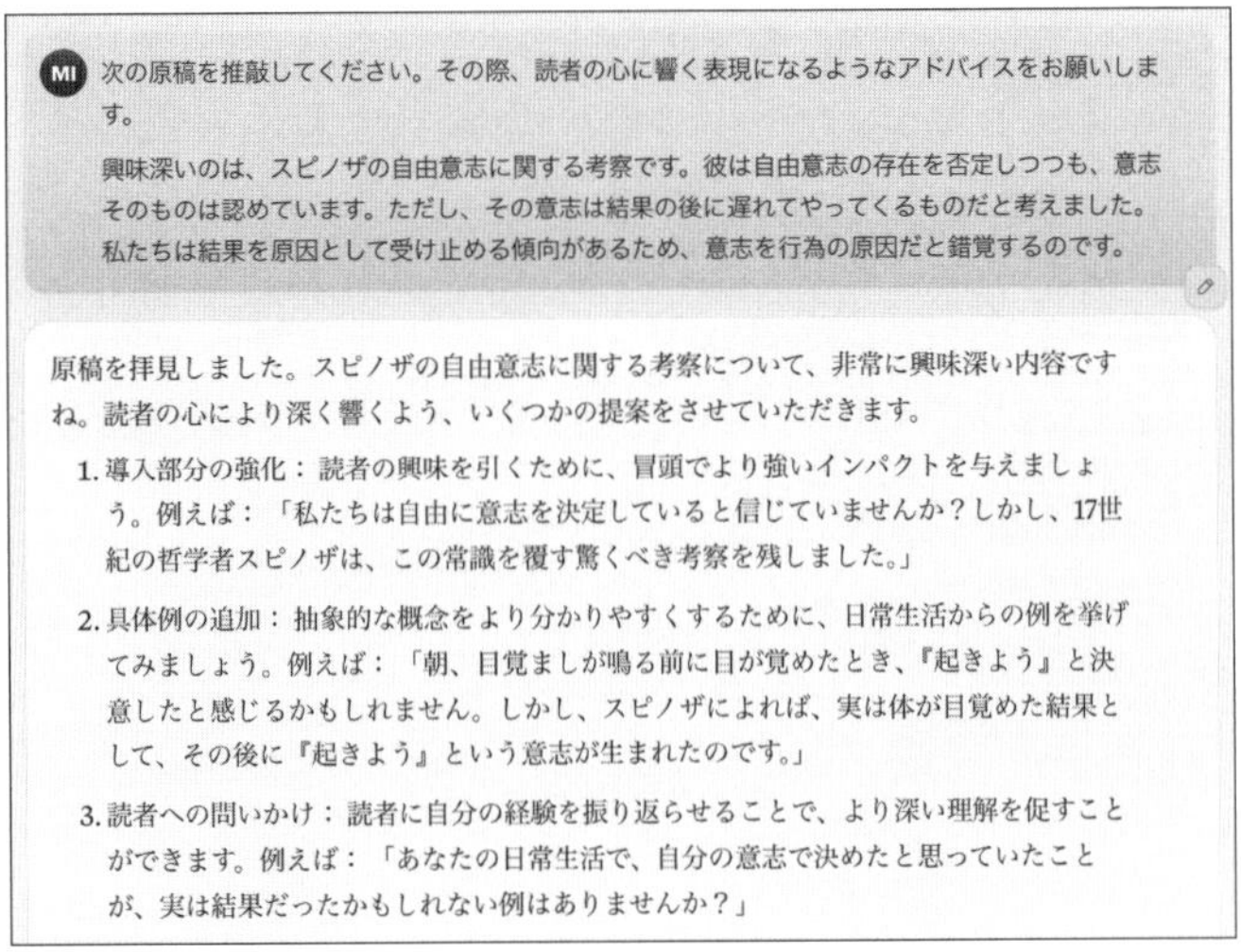

MI
次の原稿を推敲してください。その際、読者の心に響く表現になるようなアドバイスをお願いします。
興味深いのは、スピノザの自由意志に関する考察です。彼は自由意志の存在を否定しつつも、意志そのものは認めています。ただし、その意志は結果の後に遅れてやってくるものだと考えました。私たちは結果を原因として受け止める傾向があるため、意志を行為の原因だと錯覚するのです。
原稿を拝見しました。スピノザの自由意志に関する考察について、非常に興味深い内容ですね。読者の心により深く響くよう、いくつかの提案をさせていただきます。
1. 導入部分の強化：読者の興味を引くために、冒頭でより強いインパクトを与えましょう。例えば：「私たちは自由に意志を決定していると信じていませんか？しかし、17世紀の哲学者スピノザは、この常識を覆す驚くべき考察を残しました。」
2. 具体例の追加：抽象的な概念をより分かりやすくするために、日常生活からの例を挙げてみましょう。例えば：「朝、目覚ましが鳴る前に目が覚めたとき、『起きよう』と決意したと感じるかもしれません。しかし、スピノザによれば、実は体が目覚めた結果として、その後に『起きよう』という意志が生まれたのです。」
3. 読者への問いかけ：読者に自分の経験を振り返らせることで、より深い理解を促すことができます。例えば：「あなたの日常生活で、自分の意志で決めたと思っていたことが、実は結果だったかもしれない例はありませんか？」

生成AIによる推敲の例

こでもＡＩにアイデアを考えてもらいましょう。記事の原稿を提示し、「この記事の内容を端的に表現し、読者の興味を喚起するタイトルを10個ほど提案してください」とＡＩに依頼します。提案されたタイトル案の中から意図に合うものを選ぶか、それらを参考に自分でオリジナルのタイトルを考えることで、自分だけでは思いつかなかった切り口のタイトルを見つけられるかもしれません。

■ブログを公開する

ブログを公開したら、記事に対する読者の反応を待ちましょう。コメント欄で寄せられる感想や質問に目を通すことで、他者の視点を学ぶことができます。

自分の記事をＡＩに評価してもらうのもおもしろい試みかもしれません。たとえば「この記事の良かった点と改善点を挙げてください」とＡＩに問いかければ、技術的な観点だけ

2024-09-21

『中動態の世界』を読んで：意志と行為の新たな捉え方

あなたは今、この文章を「読んでいる」でしょうか？それとも、あなたの中で「読むという行為が起こっている」のでしょうか？

一見、言葉遊びのように思えるこの問いかけ。しかし、ここには私たちの行動や意識の本質に関わる深遠な哲学的問題が潜んでいます。国広徹也氏の著書『中動態の世界』は、この一見些細な違いが、実は私たちの世界観を根本から覆す可能性を秘めていることを鮮やかに示してくれます。

「私が歩く」「私が考える」―― 日常的に使うこれらの表現。その裏に隠された「意志」や「行為」の概念を、あなたはどれほど意識したことがあるでしょうか。

この本は、私たちが当たり前のように受け入れてきた「能動」と「受動」の二元論を超えて、新たな視点を提示します。その視点こそが「中動態」。この概念を通じて、私たちの存在のあり方そのものを問い直す旅に出かけてみましょう。


私たちは日常生活で「自分が何かをしている」と当たり前のように考えています。しかし、『中動態の世界』を読むと、この「当たり前」が揺らぎます。

例えば、歩くという行為。私たちは「歩こう」という意志が先にあって歩き始めるのでしょうか？よく考えてみると、そうとは限らないことに気づきます。同様に、何かを想うときも「想いに耽ろう」と意識して始めるわけではありません。

著者は、このような行為を「中動態」として捉えます。「私が歩く」は、私において歩行が実現されている状態であり、能動でも受動でもないのです。

AIが書いたブログを公開した例

でなく、内容面でのアドバイスも提示します。それが記事の改善に役立つのはもちろん、本の解釈を客観的に見つめ直すきっかけにもなります。

ブログを書くことは、知識を血肉化するための重要なステップです。自分の中に留まっていた学びを言語化する過程で、知識はより明確になり、自分の財産として確かなものになっていきます。そのときＡＩを活用すれば、自分の思考が第三者視点で整理され、新しい発見につながります。このように、ブログは、読書体験をアウトプットして自身の学びを深めつつ、ブログ読者にも情報を提供するよいツールです。この機会に試してみてはいかがでしょうか。

Column

AIでブログのトップ画像を作る

読書ブログを書く際、適切なトップ画像を選ぶのに苦心した経験はありませんか？　そんなときこそ、ＡＩの出番です。ＡＩを使って画像を作りましょう。

ＣｈａｔＧＰＴの「ｉｍａｇｅ　ｇｅｎｅｒａｔｏｒ」は、テキストによる指示から画像を生成するＡＩ機能です。これを使うには、まずＣｈａｔＧＰＴのｉｍａｇｅ　ｇｅｎｅｒａｔｏｒ機能にアクセスし、イメージしている画像の説明を入力します。たとえば「青年が喫茶店で本を読んでいるイラストを書いて」と入力すれば、下の画像が生成されます。

ＡＩを使って画像を生成するメリットのひとつは、ブログの内容にあった画像が手に入るということでしょう。画像探しや作成にかかる時間とコストを大幅に節約できます。

ただし、注意すべき点もあります。ＣｈａｔＧＰＴの無料ユーザーの場合、生成できる画像の数は制限されています（２０２４年10月現在、１日２枚まで）。不適切な内容や個人情報を含む画像の生成は避けるなど、倫理的な配慮も忘れてはいけません。

ChatGPTの「image generator」で画像を生成する画面

関連本を効率よく見つける

AIが導く知識の地図

一冊の本から得た学びをもっと深めたい、あるいは広げたいと感じたら、関連する本を読むことをおすすめします。関連する本を読み、これまで学んだことと結びつけることで多角的な視点を得ることができるからです。しかし、関連する本を探すのは容易ではありません。そこで、ここではAIの力を借りて関連図書を効率的に見つける方法を紹介します。

■AIを使った関連書籍の探し方

まず、読書メモやブログ記事など、自分が本から得た学びをまとめたテキストを用意します。そのテキストをAIに入力し、「この内容に関連する本を5冊推薦してください」と依頼します。AIはテキストを分析し、関連性の高い本を選んでくれるでしょう。

ＡＩに依頼すると、自分では気づかなかった意外な関連性を発見できるかもしれません。たとえば、経済学の本を読んだ後に、ＡＩが心理学や社会学の本を推薦してくれることもあります。こういった関連性は、本の内容を知っていなければ到底見いだせません。このように分野を横断するような関連性に気づくことで、知識の幅が広がります。

■関連本との関係を理解する

ＡＩに推薦した本の関連性を説明してもらうのもよいでしょう。「なぜこの本を推薦したのか、元のテキストとの関連性を教えてください」と尋ねれば、ＡＩが各本の推薦理由を述べます。これにより、漠然と関連していそうだと思っていた本の位置づけが明確になり、読む順番や優先度を決めやすくなります。

また、推薦された本を実際に読んだ後、「この本と元のテキストの関連性について私は○○と推察しましたが、正しいでしょうか」とＡＩに尋ねてみましょう。自分の理解をＡＩに伝え、フィードバックをもらうことで、知識の関連づけが正しく行えているかを確認できます。

ＡＩを使って関連本を探す際は、絶対にＡＩの推薦通りに読まなければならないわけではありません。あくまでも参考意見として捉え、自分の興味や直感を大切にしましょう。時には、ＡＩが推薦しなかった本を敢えて選ぶことも必要です。重要なのは、自分の知的好奇心に正直に従うことです。

Column

解釈本を超える原書の魅力

現代では、古典作品や難解な思想書を解説したガイドブックや現代語訳が数多く出版されています。これらは確かに内容理解の助けになりますが、読みにくさを乗り越えて原書に挑戦すると、著者の思想や作品の本質により深く迫ることができます。

原書を読む最大の利点は、著者の言葉や表現に直接触れられることでしょう。翻訳や解釈を介さずに著者が選んだ言葉や文体をそのまま味わうことで、その時代の空気感や著者の思考プロセスをより鮮明に感じ取ることができます。

原書を読むことで、解釈の多様性に気づくこともできます。現代の解説書は特定の解釈に基づいていますが、原書を読むことで自分なりの解釈を見出す可能性が広がります。これは特に哲学書や古典文学において重要で、テキストの曖昧さや多義性こそが作品の本質であることも少なくありません。

確かに原書、特に古典は読みにくいものです。しかし、その「読みにくさ」こそが、私たちの思考を活性化させ、理解を深める触媒となります。難解な箇所に出会うたびに立ち止まり、考え、調べることで、単に内容を理解するだけでなく、著者の思考法や時代背景まで学ぶことができるのです。

このときAIを活用すれば、原書に挑戦するハードルを下げることもできます。たとえば、難解な言い回しや古語の意味をAIに尋ねたり、特定の段落の現代語訳をAIに要求したりすることで、原書の理解を補助することができます。最初は難しく感じるかもしれませんが、読み進めるうちに著者の思考に寄り添えるようになり、新たな発見と深い理解が得られるはずです。

第5章

ネットを活用したアクティブ読書

みんなで読めば怖くない
グループ読書のメリット

ここまで、ひとりで読書を進めていく方法について解説しました。本はひとりで読むものと思われがちですが、グループで本を読むことで新たな読書体験が得られます。

実際に1箇所に集まって読む読書会も全国各地で開催されていますが、最近はオンライン読書会も多く見られるようになりました。ここでは、そういった読書会を利用して本を読む方法について解説します。

■オンライン読書会とは

オンライン読書会とは、インターネットを介して複数の参加者が集まり、特定の本について議論や感想を共有する活動です。オンライン会議ツールやチャットアプリを使って行われ、場所や時間の制約を受けにくいのが特徴です。

オンライン読書会で本を読むことには多くの利点があります。まず、ほかの参加者の感想を聞くことができるという点です。ほかの参加者の感想や解釈を聞くことで、自分とは異なる視点や解釈に触れることができれば、本の新たな側面を発見できるかもしれません。また、自分の感想や視点を語ることで、自分の中で考えを整理することもできますし、ほかの参加者の反応によって考えを深めることもできます。

疑問点をその場で解決できることも大きなメリットです。自分だけでは理解できなかった難解な箇所にひっかかったり、理解できたと思うものの少し曖昧さが残っていたりする場合、ひとりでこの課題を解決するのは困難です。その困難さゆえに途中で読むのを諦めてしまうこともあるでしょう。そんなとき、読書会に参加してグループのメンバーに質問すれば、理解を深めることができるかもしれません。特に、専門書や古典などの難しい文献を読む際に効果的です。

なかなか本を読むスピードが上がらない人にも、グループ読書が役立ちます。グループ読書では、通常、毎回扱う範囲が決められています。自分ひとりではなかなか読書の習慣が身につかない人や、締切がないと先延ばしにしてしまう傾向がある人にとって、締切を設定されることが大きな助けとなるでしょう。参加したことのある人から、「読書会に参加すると、期日までに決められた範囲を読まないといけないという気持ちになる。この背中を押す力が何より貴重」という感想をよく耳にします。これも読書会のメリットの一つでしょう。一回限りの読書会でも、数か月、場合によっては数年かけてじっくり読む読書会でも、みんなで一冊の本を読み終えることは大きな達成感をもたらし、次の読書へとつながっていくのではないでしょうか。

読書会のやり方自体を楽しむというアプローチもあります。事前に読んで不明点を記入しておくところもあれば、事前読了を前提とせずその場で輪読するところもあります。また、本によってメンバーを決めるのではなく、メンバーを先に決めてその中で話し合って読む本を選ぶというスタイルもあります。私たちは日々ＥＣサイトをはじめさまざまなレコメンドの影響下にあります。読書会にはそういったレコメンドの波から離れて、普段なら手に取ることがないような本との出会いがあるかもしれません。

もちろん、オンラインであることの利点もあります。地理的な制約がなくなるため、文化や風習が違う国（地域）の人と読書を楽しめます。また、通勤時間などの隙間時間を利用して参加できる場合もあり、時間の有効活用にもつながります。

このように、オンライン読書会は単に本を読むだけでなく、参加者同士の交流や学びの深化、読書習慣の形成など、多面的な効果をもたらす可能性を秘めています。このあと158ページでは、具体的なオンライン読書会の探し方や参加方法について詳しく説明します。

■オンライン読書会に参加した人の声

オンライン読書会に参加してみたいけれど何となく不安という人もいるかもしれません。実際に参加した人々からはポジティブな感想が多く寄せられています。ここでは、そのような声をいくつか紹介します。

多くの参加者が口を揃えて「自分と全く違う解釈が聞けておもしろかった」といいます。読書は個人的な体験ですが、他の参加者の視点を通じて新たな理解や発見が得られる魅力もあります。また、「一人で読む時には読み飛ばしていた箇所の意味に気づくことができた」という声も多く聞かれました。他の人の指摘によって、新たな気づきを得ることができるのです。

さらに、「他の人が紹介してくれた参考書や関連書籍が役に立った」という感想も聞かれます。新しい本や資料との出会いは、自身の知識や興味をさらに深めるチャンスです。移動時間が必要ないため、地理的な制約が少ないというメリットも見逃せません。それにより、多様なテーマやグループに簡単にアクセスできるようになります。「同じ趣味を持つ友人ができた」と感じる人も多いようです。共通の興味関心を持つ仲間と出会える場として、オンライン読書会は非常に有効です。このようなポジティブな体験談から、オンライン読書会には多くのメリットがあることがわかります。

■オンライン読書会への不安を解消する方法

オンライン読書会への参加をためらっている人には、まず「聞き専」や「画面オフ」が許可されているところに参加してみることをお勧めします。自宅でリラックスしながら他の参加者の意見を聞くだけでも、新しい刺激や学びを得ることができます。初めて参加する場合、自分から積極的に発言する必要はありません。そう考えると、心理的なハードルは低くなるでしょう。

また、オンライン読書会によっては新規参加者向けのガイドラインやFAQが用意されているところもあり、これらの情報を事前にチェックすることで不安感を軽減できます。また、一度慣れてしまえば、積極的に発言しやすくなるでしょう。

技術的な不安については、ほとんどの場合、基本的なインターネット接続とデバイスさえあれば問題なく参加できるので心配ありません。不明点について運営側に質問することも可能です。このように段階的に慣れていけば、不安なく楽しむことができるでしょう。

■より充実した読書会運営方法

174ページでは読書会の立ち上げ方法について解説していますが、読書会がスタートしたら、参加者からフィードバックを集め、改善点や新しいアイデアとして取り入れていくと、より充実した読書会運営につながります。

具体的には、アンケートなどで定期的に感想や要望を収集するという方法が効果的です。それぞれ異なるバックグラウンドや興味関心を持つ参加者からさまざまな意見が集まれば、多角的な視点からテーマ選定や進行方法などの具体的な改善案を考えることができ、満足度の高い読書会運営につながっていくことでしょう

また、SNSなどに活動内容の報告を掲載しておくと、参加者の振り返りに役立つだけでなく、新規メンバーの獲得にも効果的です。

Column

オンライン読書会でプライバシーを守る

オンライン読書会に興味はあるが、読書会に参加していることが身近な人に知られたり、個人を特定されたりすることに不安を覚え、参加する勇気が出ないという人もいるかもしれません。ここでは、オンライン読書会で気軽にプライバシーを守る方法をいくつか紹介します。

まず、参加する際のニックネームを工夫してみましょう。本名である必要はありません。好きな本のキャラクター名や、読書にちなんだユニークな名前を使うのも楽しいものです。プロフィール画像は、自分の顔写真である必要はありません。好きな本の表紙や風景写真を使うのも一案です。

次に、ビデオ通話を使う読書会の場合、顔を出すのが苦手なら、ビデオをオフにしても大丈夫か主催者に確認してみましょう。多くの読書会では、音声のみの参加も認められています。発言することに抵抗がある場合は、チャット機能を活用するのがおすすめです。文字で意見を述べれば、落ち着いて自分の考えを整理しやすいでしょう。主催者に「チャットでの参加は可能ですか？」と事前に聞いてみるのもよいでしょう。

これらの方法を組み合わせることで、より安心して読書会に参加できるはずです。ただし、読書会のルールは主催者によって異なることがあるので、参加前に確認するのを忘れずに。

プライバシーを守りつつ、楽しく意見交換ができる環境で、充実した読書会体験を楽しんでください。新しい本との出会いや、さまざまな考えに触れる喜びが、きっとあなたの読書生活をより豊かなものにしてくれるでしょう。

その場で読んで深める読書
アクティブ・ブック・ダイアローグの実践

ここからは、新しい形の読書会をいくつか紹介します。

近年、忙しくて本がなかなか読めないという人たちの間で、「アクティブ・ブック・ダイアローグ」という手法を用いた読書会が注目されています。

公式ページでは「アクティブ・ブック・ダイアローグとは何か?」について、開発者の竹ノ内壮太郎氏が以下のように述べています。

アクティブ・ブック・ダイアローグは、読書が苦手な人も、本が大好きな人も、短時間で読みたい本を読むことができる全く新しい読書手法です。

1冊の本を分担して読んでまとめる、発表・共有化する、気づきを深める対話をするというプロセスを通して、著者の伝えようとすることを深く理解でき、能動的な気づきや学びが得られます。

またグループでの読書と対話によって、一人一人の能動的な読書体験を掛け合わせることで学びはさらに深まり、新たな関係性が育まれてくる可能性も広がります。アクティブ・ブック・ダイアローグという、一人一人が内発的動機に基づいた読書を通して、より良いステップを踏んでいくことを切に願っております。

■アクティブ・ブック・ダイアローグの流れ

元々は対面で開催することを想定して開発された手法ですが、コロナ禍以降オンラインでの開催も増えています。具体的にどのような手順で行われるのか、まず対面形式での進め方を見ていきましょう（運営や進行役によって細かい手順は異なります）。

1．オープニング

アイスブレイクとして参加者が一言ずつ当日の体調や気持ちを話し、進行役が全体の流れについて説明します。

2．メイン

各自が担当パートを読み、要約を作ります。その場で読んで要約する方式の場合、事前の準備は必要ありません（読書会によって異なります）。

Ａ４用紙数枚にまとめた要約をホワイトボードなどに貼り、リレー形式で順番にプレゼンします。

感想や問いを出し合い、議論を通して理解を深めていきます。グループに分かれて話し合うこともあります。

3．エンディング

チェックアウトとして全体を振り返り、参加者が感想などを共有します。

■オンラインでの流れ

基本的な流れは対面と同じですが、オンラインならではの機能を利用してさまざまな工夫がなされています。

オンラインでは、Ｇｏｏｇｌｅスライドを共有する、ブレイクアウト・ルームでダイアローグを行うなどの工夫により、対面と同じような読書体験を得ることができます。Ａ４用紙に手書きで記入したものを撮影して共有する、

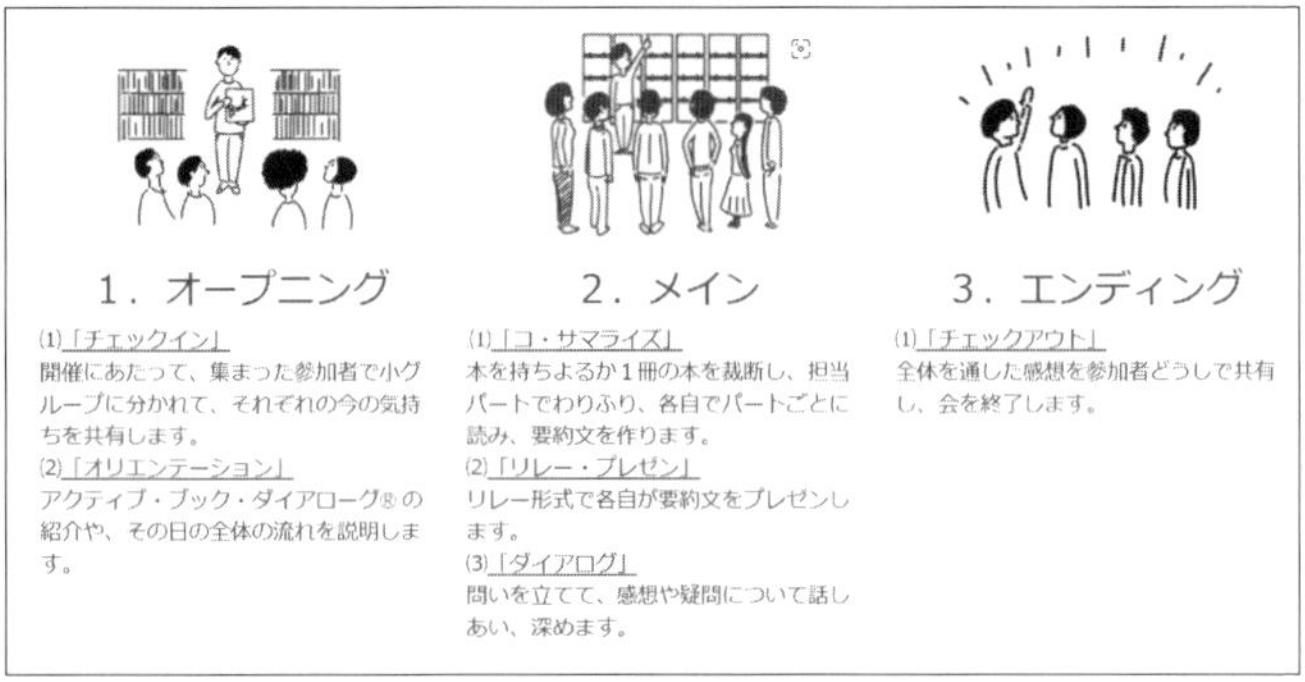

1．オープニング
(1)「チェックイン」
開催にあたって、集まった参加者で小グループに分かれて、それぞれの今の気持ちを共有します。
(2)「オリエンテーション」
アクティブ・ブック・ダイアローグ®の紹介や、その日の全体の流れを説明します。
2．メイン
(1)「コ・サマライズ」
本を持ちよるか１冊の本を裁断し、担当パートでわりふり、各自でパートごとに読み、要約文を作ります。
(2)「リレー・プレゼン」
リレー形式で各自が要約文をプレゼンします。
(3)「ダイアログ」
問いを立てて、感想や疑問について話しあい、深めます。
3．エンディング
(1)「チェックアウト」
全体を通した感想を参加者どうしで共有し、会を終了します。

ABDの流れを説明した図（公式より）。対面では多くがこの流れで進む

要約担当者とダイアローグから加わる参加者を分けてより多くの人と議論できるようにする、などの方法を採用しているところもあります。

アクティブ・ブック・ダイアローグの利点は、忙しくて一人ではなかなか本を読み終えることができない人も、短期間で一冊まるごと読めてしまうことです。ほかの参加者の要約を聞き、質問を投げかけたり皆で対話したりすることにより、全体の理解が深まります。要約という作業の習熟にもつながることでしょう。全員で一冊読み上げたという達成感が得られるのも、この読書会の醍醐味の一つと言えます。

このような利点から、ビジネス研修や教育現場などで広く採用されています。時間対効果を追求する人、広がりや深まりを求める人、さまざまな人が集まってまさに「アクティブ」に読書する、新しい読書を体験してみませんか。

Slackで繋がる読書

The Five Booksの活用

次に、一人ではなかなか読めない難解な本や専門書にチャレンジしたい方におすすめなオンラインサービス「The Five Books」(ファイブ・ブックス)を紹介します。

ファイブ・ブックスでは、古典を中心に、研究者や専門家のオンライン講義を受けながら1冊を3~4週間かけてじっくりと読み進めていきます。全体的な流れは下図のようになります。

では、ファイブ・ブックスの特徴について一つずつ見ていきましょう。

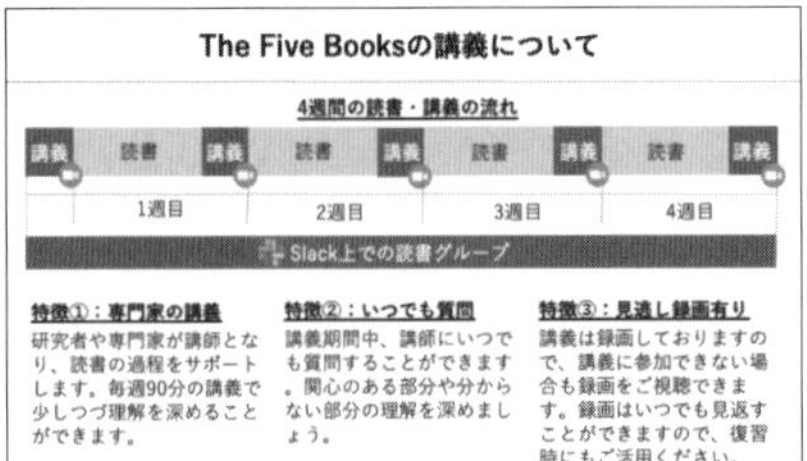

ファイブ・ブックスの講義の流れ。これが基本の形だが、講師によって多少は異なる

■専門家による講義が受けられる

研究書や専門書、特に古典は、ひとりではなかなか理解を深めることができず、ともすれば途中で挫折してしまいます。ファイブ・ブックスではその分野の専門家によるわかりやすい解説を聞くことができるので、途中でつまずきかけても最後まで読み進めることができます。

講義によって異なりますが、講義はＺＯＯＭなどのオンライン会議ツールを利用し、このようなスライドを用いて行われます。

■いつでも質問できる

ファイブ・ブックスでは、ＺＯＯＭなどによる講義とＳｌａｃｋを併用し、Ｓｌａｃｋ上で講師やほかの参加者とさまざまなメッセージをやり取りすることができます。講師

ファイブ・ブックスの実際の講義動画。表示されたスライドの内容について講師が説明している

にいつでも質問できるだけでなく、講座によってさまざまなスレッドが用意され、ほかの参加者のコメントを読むことができます。

　ここでおすすめなのが「問いかけ」スレッドです。毎回講義の終わりに講師から「問いかけ」が示され、参加者がその回答をＳｌａｃｋ上に投稿していくというシステムです（注：講義によって問いかけの方法は異なります）。

　本書の第４章ではＡＩによる問いを活用して読解を深める方法を紹介しましたが、ここでは講師が受講者の理解を深めるために考えた問いが提示されるので、その問いに沿って考えながら読むだけでなく、自分の考えをまとめて書くという作業を通して理解が深まります。また、ほかの参加者の回答や、自分の回答に対する講師の返信コメントを読むことは、新たな気づきや視点をもたらしてくれます。専門家ならではの「問いかけ」はファイブ・ブックスの醍醐味の一つであり、講師への質問と共におすすめの機能です。

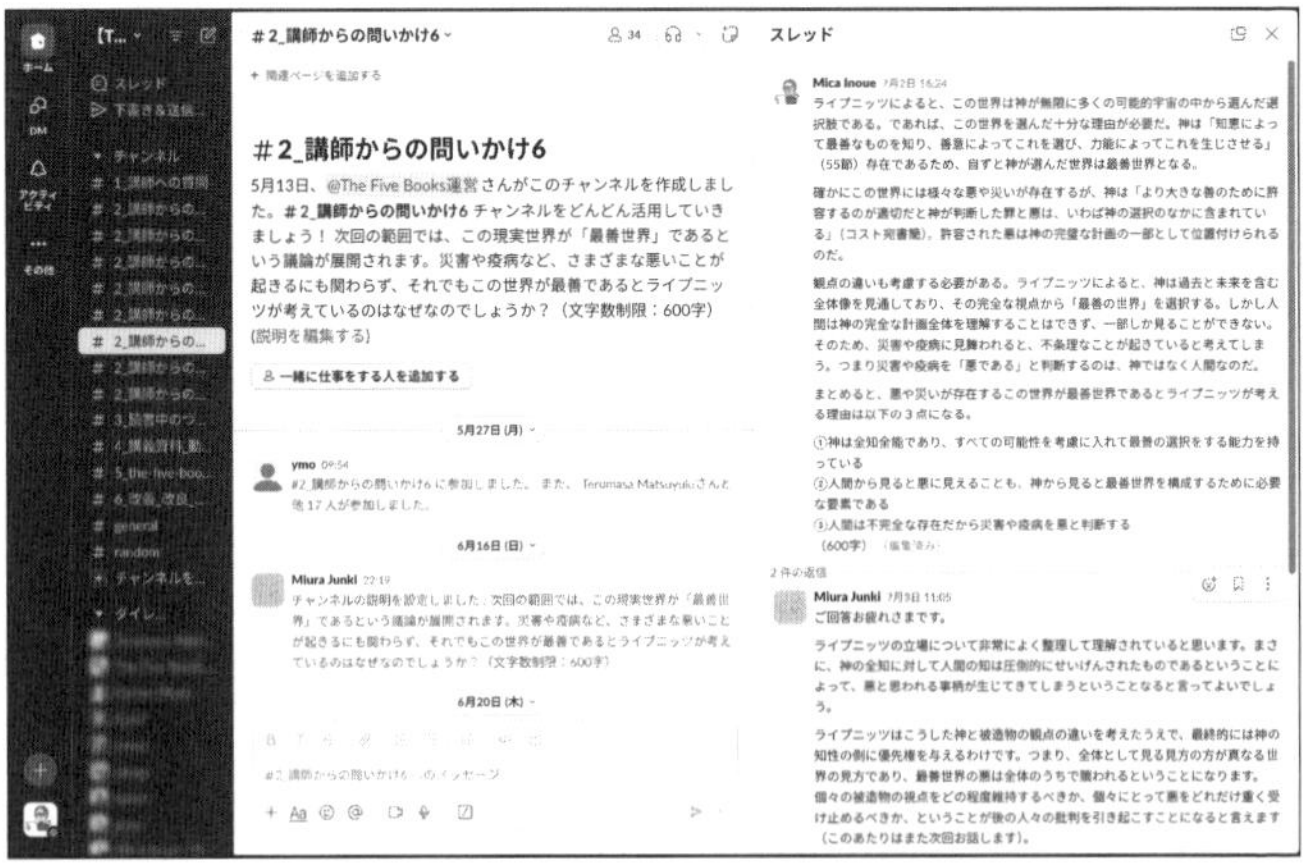

講義と併用されるSlackの画面。講師からの問いかけとその回答、回答に対するコメントが表示されている

■見逃し録画が用意されている

講義はすべて録画されており（録画されるのは講師の画面のみです）、忙しくてリアルタイムで視聴できない方も、時間があるときにゆっくり見ることができます。海外からの受講など、時差がある場合でも安心です。リアルタイムで受講したあとで、繰り返し視聴することによって理解を定着させることもできます。

ファイブ・ブックスの講義を受講していると、学生時代に戻ったような気分になれることも楽しみの一つです。たくさん本が読めた頃の自分に戻って、また読書を楽しみたいという気持ちが湧いてくる方もいるでしょう。反対に、学生の頃は勉強に興味がなかったけれど、今なら深い関心を持って本と向き合えるという感想を抱かれる方もいるかもしれません。講義の中で参考文献が紹介されることも、読書の幅を広げるのに役立ちます。関連分野はもとより、一つの視点の下でさまざまな分野がつながっていることがわかります。ファイブ・ブックスのホームページには、以下の文が記載されています。

The Five Booksは研究者のオンライン講義を受けながら、他の読者と共に時間をかけてじっくりと読む、〝おそい〟読書体験を提供しています。オンライン講義を通じ書籍より深く理解し、他の読者や自分自身と一緒に考えながら読むことで、読書をより豊かな体験にすることを目指しています。

日常がどんどん高速化していく今だからこそ、〝おそい〟読書体験を楽しんでみませんか。

多様な形式で楽しむ

さまざまな読書会スタイル

ここまで2つの特色ある読書会を紹介しましたが、ほかにもいろいろな形式や手法で読書会が開催されています。ここではそのほかの例をいくつか見ていきましょう。

■気になったところや感想を自由に話し合う

一般によく見られる読書会の形です。参加者が印象に残った箇所や引っかかったところ、自分なりの解釈などを自由に語り合います。その中からテーマを絞って議論することもできます。

この形式の読書会の特徴は、参加のハードルが低いことです。特別な準備や知識がなくても、本を読んだ感想を話すだけで参加できます。また、ほかの参加者の意見を聞くことで、自分では気づかなかった視点や解釈に触れることができ、本の理解を深めることができます。

ただし、議論が散漫になりやすいというデメリットもあります。ファシリテーターが全体の流れをうまくコントロールし、必要に応じて議論のテーマを設定するなど工夫すると良いでしょう。

■声に出して読む輪読スタイルの魅力

その場に集まったメンバーで順番に少しずつ音読していきます。声に出して読んだり、ほかの人の声が耳から入ってくる声を聞いたりすることで、黙読とは違う体験が得られます。

輪読の利点は、参加者全員が同じペースで本を読み進められること。声に出して読むことで、文章のリズムや言葉の響きを感じ取りやすくなります。特に詩や文学作品を読む際に効果的です。

事前に読んでから参加しても構いませんが、時間がなくて読めていなくてもその場で読めるというメリットがあります。これにより、忙しい人でも参加しやすくなります。

ただし、読むスピードや理解度に個人差があるため、全員が快適に感じられるペースを見つけるのが難しいかもしれません。当日の体調なども考慮し、希望者のみ輪読に加わるという形式を採用しているところもあるようです。

■テーマ別からビブリオバトルまで多彩な読書会

そのほかにも、さまざまな形の読書会が開催されています。たとえば、特定のテーマ（環境問題、フェミニズム、SF小説など）に関連する本を選んで読むテーマ別読書会は、同じ興味を持つ人々が集まり、深い議論ができるのが特徴です。また、著者本人を招いて質疑応答や議論を行う読書会では、著者の意図や背景を直接聞くことができるため、本の理解が格段に深まります。

参加者がそれぞれおすすめの本を持ち寄り、数分間でその本の魅力を紹介し合うプレゼン形式の読書会「ビブリオバトル」も人気です。新しい本との出会いの場になるため、読書の幅を広げたい人におすすめです。バトル形式ではなく、各参加者が自分の推し本を持ち寄る読書会も盛況です。原作本と、それを基にした映画や舞台作品を比較しながら議論する読書会もおもしろいでしょう。メディアの違いによる表現の変化などを学べる貴重な機会となります。

絵本を題材にした読書会も増えています。短い文章と豊かな絵によってイマジネーションを広げることができ、より多様な解釈を楽しめます。オンラインでは動画を観ながら対話をすることもできます。

最近では、オンラインで黙々と読書する会も登場しています。主に中高生の間で、オンライン自習室を利用する人が増えていますが、同様に、一人では読書に集中できない場合、オンラインで集まって黙々と本を読みます。朝仕事や学校に行く前、夜寝る前など、自分に合った時間帯に利用すると良いでしょう。

Column

読書会を盛り上げるアイスブレイク

オンライン読書会では初めて会う人が集まるため、しばらくは緊張のためうまく対話が進みません。この雰囲気をなごませるには、アイスブレイクが有効です。

アイスブレイクとは、参加者同士の緊張をほぐし、コミュニケーションを促進するための活動のこと。「氷（アイス）を砕く（ブレイク）」という意味で、参加者間の心理的な壁を取り払うことを目的としています。

たとえば自分の好きな本の一行を引用して自己紹介するというアイスブレイクは、その人の趣味や性格を垣間見ることができ、その後の対話にもつながります。参加者が最近読んだ本の表紙の一部を画面に映し、他の参加者がタイトルを当てるのも楽しいかもしれませんね。

参加者が好きな本の主人公になりきり、その性格や口調で自己紹介や会話をする「本の主人公なりきりゲーム」はいかがでしょうか。その本を知らない人も興味を持つきっかけになり、本の内容についての会話も自然と生まれます。

本や読書にまつわる思い出を30秒で語るミニトークも効果的です。幼少期の読書体験や人生を変えた一冊など、参加者それぞれの読書史を共有することで、より深い交流が生まれるでしょう。

これらのアイスブレイクを通じて、参加者同士の距離が縮まり、より活発で充実した読書会になることが期待できます。主催者は、参加者の性質や読書会の目的に応じて、適切なアイスブレイクを選択し、楽しい雰囲気作りを心がけましょう。

読書仲間を作る

オンライン読書会に参加する前に

152ページで概要を説明したオンライン読書会について、ここではより具体的な参加方法や注意点を紹介します。

■オンライン読書会を探すには

オンライン読書会に参加するには、まずそれを見つける必要があります。XやFacebookでは日々さまざまな読書会が告知されています。関連するハッシュタグを検索するのも有効です。検索エンジンで「オンライン読書会(書名)(分野)」などで検索すると多くの情報が得られます。

「Peatix」や「こくちーず」などのイベント告知サービスを利用する方法もあります。これらのサイトで「オンライン読書会」と検索すると、多くの情報が得られます。いくつか例を挙げて紹介しましょう。

Peatixのトップページから「イベントを探す」を選択すると、このような画面が表示されます。

「すべてのカテゴリー」のプルダウンメニューから自分の興味のある分野（たとえば「文芸／思想／哲学」など）を選択し、その下にある「オンラインイベントを探す」にチェックを入れて検索すると、当日以降にオンラインで開催される該当分野のイベントのリストが表示されるので、興味があるものを個別にクリックしていけば詳細情報がわかります。イベント参加には会員登録が必要ですが、登録は無料で、有効期限もあ

Peatixのトップページから「イベント検索」をクリックすると表示される画面（2024/8/15現在）

こくちーずのトップ画面。ここから条件を指定してイベントを検索できる

りません。イベントによっては有料のものもありますが、無料のイベントも数多く登録されています。

同様のサービスを提供しているプラットフォームとして、「こくちーず」があります。

こちらには「開催日で探す」「開催場所で探す」などの項目がありますが、たとえば検索ボックスに「オンライン読書会」と入力して検索すると、現在参加者募集中のオンライン読書会のリストが表示されます。

■読書会に参加する前の準備

読書会への参加が決まったら、事前準備として、まず使用するオンラインツールを確認しましょう。Ｚｏｏｍ、Ｄｉｓｃｏｒｄなど、さまざまなツールが使用されますが、事前にインストールし、動作確認をしておくことをおすすめします。また、多くの読書会では事前に読んでおく範囲が指定されています。必ずその範囲に目を通し、可能であれば質問や感想をいくつか用意しておくと良いでしょう。これにより、議論をより活性化させることができます。

実際に参加する際、いくつかの注意点があります。オンラインコミュニケーションの基本的なマナーを守ることが大切です。発言のタイミングや長さに気をつけ、ほかの参加者の意見を尊重しましょう。会によっては「耳だけ参加」も許容されますが、ただ聞いているだけではなく、積極的に意見を述べたり質問したりすることで、より充実した体験が得られます。技術的なトラブルに備えることも忘れずに。音声や映像に問題が生じた場合に備え、チャット機能など代替手段の使用方法も把握しておくと安心です。

Column

Gatherを使ってオンライン読書会を開く

第5章ではSlackを用いた読書会の例を紹介しましたが、オンライン読書会では他にもさまざまなツールを利用できます。ここでは、その中でもユニークな外観が楽しい「Gather」というツールを取り上げます。

Gatherは、オンライン上に仮想のオフィス空間を作成するためのツールですが、ビジネスに限らず幅広い場で活用されています。Gatherの特徴は、参加者が自分のアバターを操作して自由に空間内を動き回れること。アバター同士が近づくと画面や音声をオンにして会話できるようになり、通常のオンライン会議システムと同様に利用できます。これにより、実際の読書会場にいるような臨場感を味わえます。

また、Gatherにはホワイトボードや画面共有などの機能があり、資料を参照することができます。読書会で使用する本の抜粋や、参加者が作成した感想文などを共有する際、こういった機能が活用できるでしょう。必要に応じて数人で別のスペースに移動し、それぞれ別々に対話することもできます。実際に部屋を移動するような感覚で柔軟に対話できるため、大人数の読書会でもグループディスカッションがスムーズに行えます。

Gatherを使用した読書会では、これらの機能を利用してよりリアルに近い感覚で対話を楽しむことができます。読書会は対話の内容が最も重要ですが、使用するツールによってその場の雰囲気が大きく変わります。参加者層に応じてさまざまなツールを試してみてください。

読みたい本をみんなで読む
読書会を主催する

ここでは、いくつかの読書会に参加し、自分でも読書会を開催してみたいと思った方のために役立つツールを紹介します。

■Web会議システムを準備する

オンライン読書会を開催するには、まずWeb会議システムを用意する必要があります。

ZOOM、Google Meet、Skype、Discord、Gather、Jitsi Meetなど、さまざまなツールが利用できますが、無料アカウントの場合1回の接続時間や接続可能人数に制限があるので、目的に合ったツールを選ぶことが重要です。

以下に示すのは、Discordを用いた読書会の画面です。

Discordは無料でアカウントを取得し、サーバーを設定することができます。テキストチャンネルを利用して、チャット形式で日程等の調整ができるほか、事前に問いを設定して回答を書き込んでもらうといった利用法も考えられます。ビデオ通話を利用してオンライン読書会を開催する場合、10人まで同時接続可能で（注：スマホの場合は1対1）、通話時間は無制限です。なお、本書186ページでDiscordの設定方法について詳しく説明しています。初めて使う人は参考にしてください。

無料でもさまざまなツールが利用できますが、参加者が対話に集中するためには、参加予定人数、所要時間、参加者のリテラシー、内容（対話だけかテキストチャットも必要かなど）、さまざまな条件を考慮してツールを選ぶと良いでしょう。

有料版のZOOM（ZOOM Pro）アカウントを持っている場合は、接続時間が最大30時間になるほか

Discordを用いて読書会を開催している様子。テキストチャットとボイスチャンネルが表示されている。

（無料の場合は１回４０分）、無料アカウントの機能に加えて、Ｃｌｉｐｓプラスによる無制限の録画や、ＡＩ Ｃｏｍｐａｎｉｏｎなどさまざまな機能を利用できます。

ＡＩ Ｃｏｍｐａｎｉｏｎに含まれるスマートレコーディング機能を利用すると、ＡＩがクラウドレコーディングを分析し、内容の要約、チャプター分け、宿題事項の抽出を行うことができます。

要約の精度は録画時間や内容によって変わりますが、ホストに表示されるページで文章を編集できるので、ホストが議事録代わりにこの機能を利用して記録し（必要に応じて編集し）、参加者に配布することができます。参加者の振り返りのきっかけとして、また、議事録作成の省力化を図るために活躍する機能だと言えます。

そのほか、ＡＩ Ｃｏｍｐａｎｉｏｎには、ミーティングの全体要約やミーティング中のＡＩ Ｃｏｍｐａｎｉｏｎへの質問など、ＡＩを活用した便利な機能が用意されています。有

ZOOM Proのスマートレコーディングの出力結果

料プランは単月契約も可能なので、短期集中で読書会を開催する場合、その期間だけ契約することもできます。有料アカウントを持っている方は、便利な機能をどんどん活用して対話の幅を広げ、運営の業務を省力化していきましょう。読書会の参加者を広く募集したい場合には、170ページで紹介したPeatixやこくちーずなどのサービスを利用するという方法もあります。イベント告知から受け付けまでさまざまな機能が用意されています。

オンライン読書会へ参加することで、新たな読書体験が広がります。これらの方法や注意点を参考に、ぜひオンライン読書会に参加してみてください。

実際にオンライン読書会に参加した（あるいは開催した）後で、情報収集に役立つのが口コミです。同じ関心のもとに集まる参加者からもたらされる情報には、ネット検索では得られないものがあります。おすすめの読書会やイベントなどを参加者同士で紹介し合っていると、出会いが出会いを呼んで読書ネットワークが広がっていくことでしょう。

Column

進行役のサポート役としてAIを使ってみる

１７４ページでは読書会を主催する方法について説明しましたが、進行役のサポート役としてもＡＩは威力を発揮します。

事前準備の段階で、参加者に投げかける問いの候補をＡＩに尋ねてみるとよいでしょう。以下に示すのは、どのようなテーマを探求すればよいかをＡＩに質問した例です。いくつか問いを用意しておけば、その場で参加者の反応を見ながら議論を展開できます。ＡＩの回答に対して気になった点を質問することで、自分の考えがまとまっていきます。

このように事前の壁打ちとしても有効ですが、読書会の開催中にＡＩを利用して、途中で議論が止まった場合に新しい切り口を提示してもらったり、作品の時代背景などをその場で質問することもできます。

私：「道理の前で」という本の読書会を開きます。あなたはこの会の進行役です。
AI：はい、「道理の前で」の読書会の進行役を務めさせていただきます。このカフカの有名な短編小説「掟の前で」の日本語訳版ですね。では、議論を始めましょう。
この物語には多くの解釈の余地があり、さまざまテーマを探求できます。たとえば：
・権威と個人の関係
・正義や真理の追求
・人生における待機と忍耐の意味
・官僚制度の批判
どの側面から議論を始めたいでしょうか？ たとえば、登場人物の動機や行動について話し合うことから始めるのはどうでしょうか？ あるいは、物語全体のメッセージや象徴性について考えてみるのもいいかもしれません。

付録

付録

ChatGPTを設定する

本書では、ChatGPTやClaudeなど生成AIを活用する方法を紹介してきました。これらの生成AIは、近年急速に発展し、注目を集めています。その理由として、人間のような自然な対話能力や多様なタスクへの対応力が挙げられます。ビジネス、教育、創作活動など、さまざまな分野での活用が期待されています。

たとえば、レポートやブロ

サインアップする

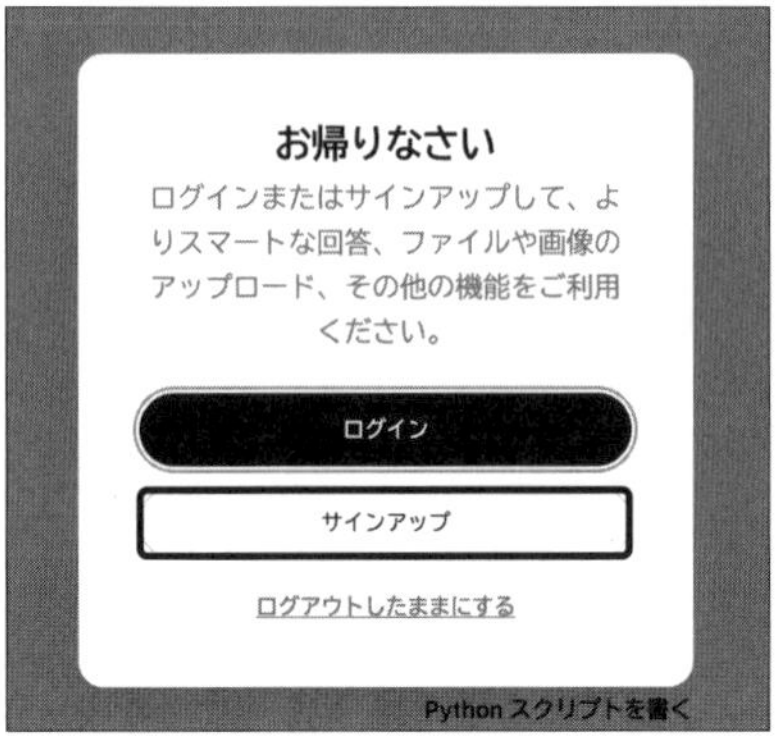

ChatGPTのサイト（https://chatgpt.com/）にアクセスする。サインアップをクリック

「アカウントの作成」画面が開くので、メールアドレスを入力し、「続ける」をクリック

サインアップする

12文字以上のパスワードを入力し、「続ける」をクリック

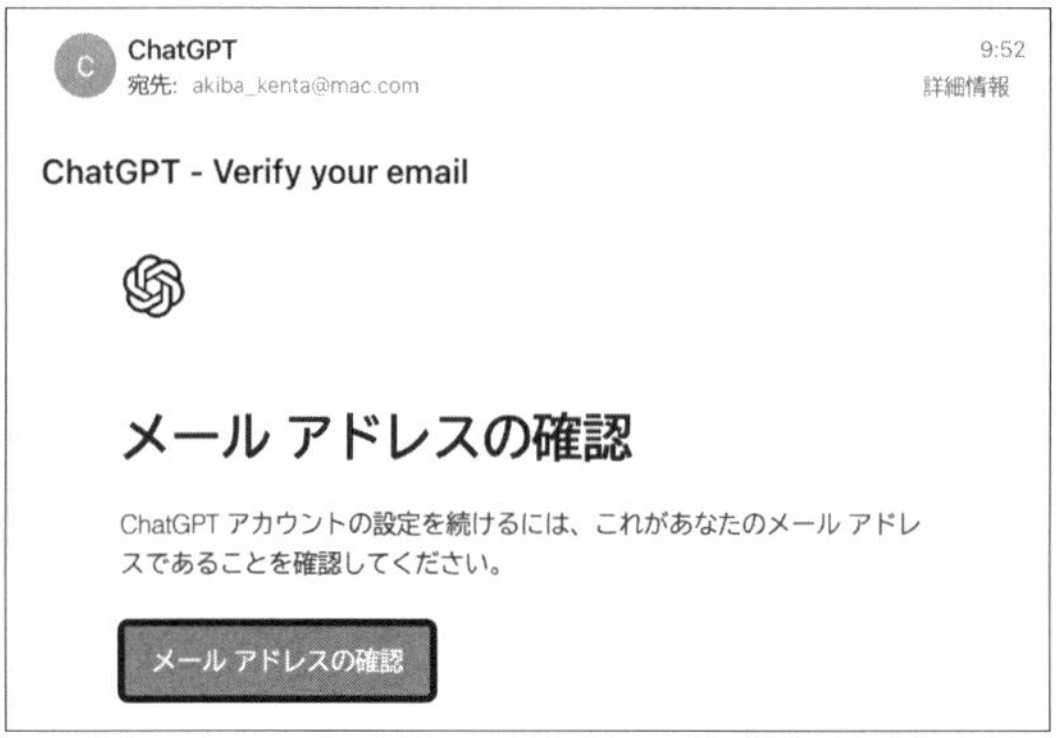

確認メールが届いているので、内容を確認し「メールアドレスの確認」ボタンをクリック

グ記事などの文章作成補助、プログラミングのサポート、語学学習の助け、アイデア出しのパートナー、複雑な情報の要約や説明など、幅広いタスクに対応します。生成AIを効果的に使いこなすコツは、明確で具体的な指示を出すこと。また、生成された内容については、常に真実とは限らないため、必要に応じて人間の専門知識と組み合わせることが重要となります。

　ここでは、特にChatGPTに焦点を当て、そのセットアップ方法やプランの

サインアップする

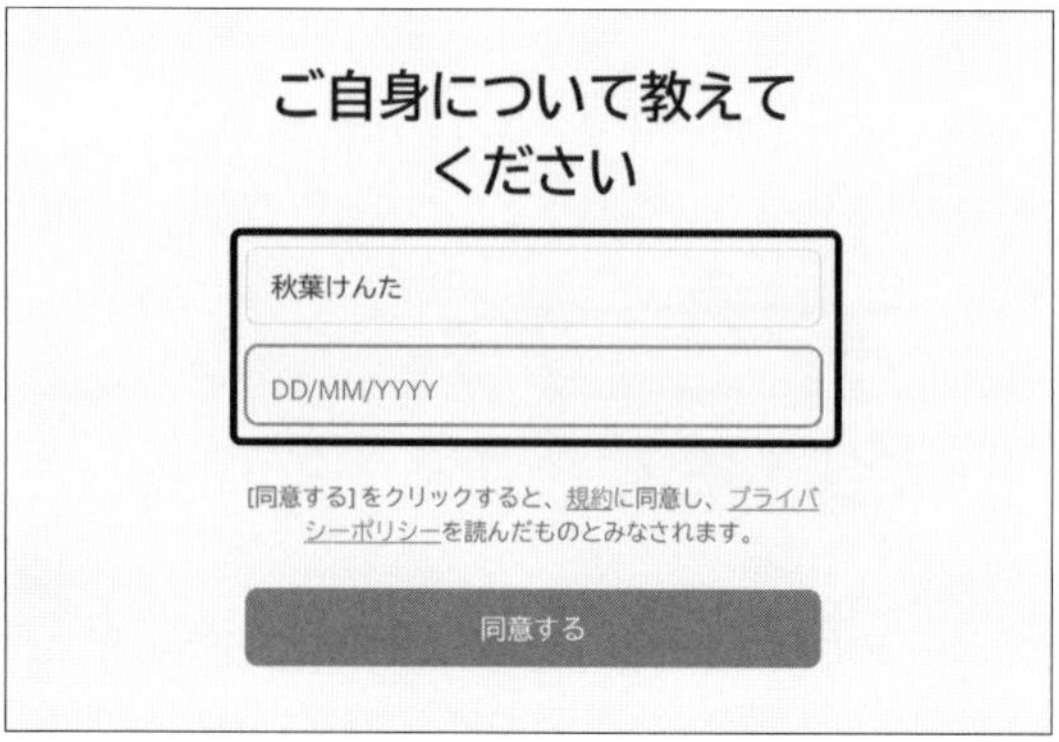

名前と生年月日を入力した後、プライバシーポリシーを確認し、「同意する」をクリック

ChatGPTが立ち上がり使用できるようになる

アップグレード方法などについて詳しく紹介します。

ChatGPTを利用するには、まずアカウントを作成する必要があります。ChatGPTの公式サイト（https://chat.openai.com/）にアクセスし、「サインアップ」をクリックしましょう。メールアドレスと12文字以上のパスワードを入力し、確認メールの指示に従ってアカウントを有効化します。その後、名前と生年月日を入力し、プライバシーポリ

プランをアップグレードする

ChatGPTのホーム画面から「プランをアップグレードする」をクリックする

「現在のプランをアップグレードする」という画面が開くので、「Plusにアップグレードする」をクリック

シーに同意すれば、基本的なセットアップは完了です。

この基本的なセットアップで、ChatGPTの無料版を利用することができます。無料版でも、文章作成、質問応答、アイデア出しなど、多くの機能を活用できます。しかし、より高度な機能を利用したい場合は、ChatGPT Plus（有料プラン）へのアップグレードを検討しましょう。

ChatGPT Plusは月額20ドル程度で利用できる有料サービスです。アップグ

プランをアップグレードする

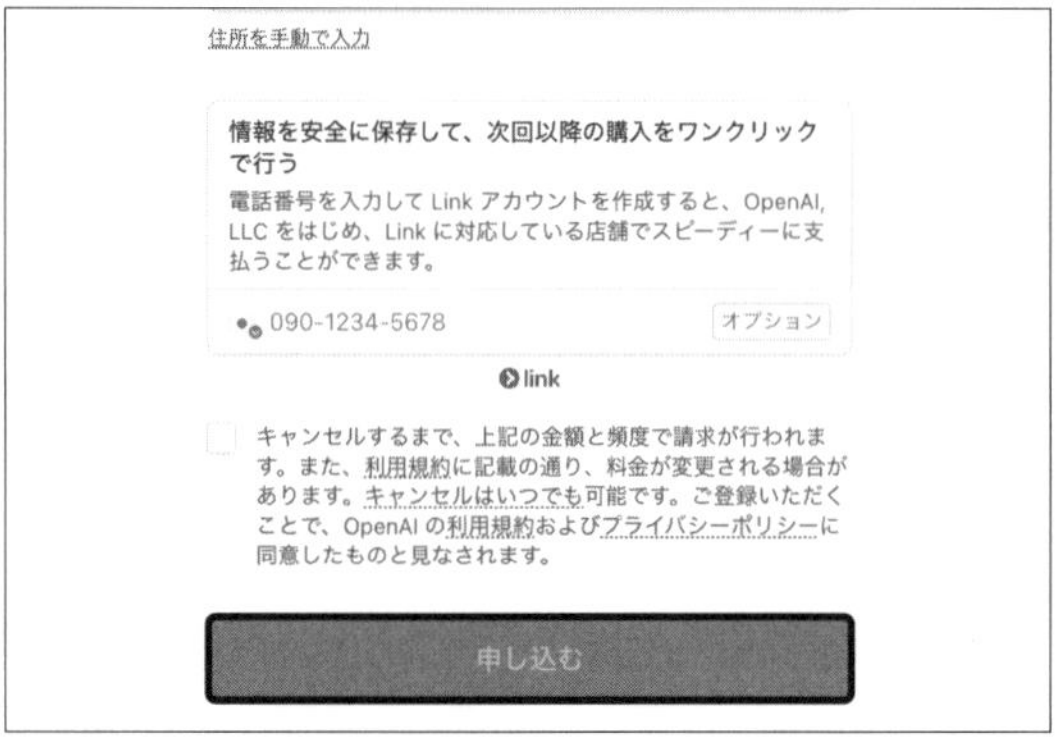

カード情報などを入力し、『申し込む』をクリックする

「決済が完了しました」という画面が開く。「続ける」をクリック

レードすると、最新のAIモデル（o1-previewやo1-miniなど）を選択できるようになり、より高度な対話や複雑なタスクの処理が可能になります。また、サーバーへの優先アクセスが可能となり、混雑時でも安定したサービスを利用できるため、ヘビーユーザーは有料サービスの検討をするといいでしょう。

　ChatGPT Plusにアップグレードするには、ホーム画面から「プランをアップグレードする」をク

Plusの特徴

o1-previewなどの最新のAIモデルを始め、さまざまなAIモデルを選択できるようになる

DALL-Eを使って画像を生成できる

リックし、カード情報を入力して申し込みを完了させます。具体的な手順としては、まず「現在のプランをアップグレードする」という画面が開くので、「Plus」にアップグレードする」をクリックします。次に、カード情報などを入力し、「申し込む」をクリックすると「決済が完了しました」という画面が開き、アップグレードが完了します。

Discordを設定する

Discordは、当初ゲーマー向けのコミュニケーションプラットフォームとして注目を集めていましたが、現在ではさまざまな分野のコミュニティで広く活用されています。テキストチャット、ボイスチャット、ビデオ通話など、多彩な機能を無料で提供しており、学習グループ、趣味の集まり、ビジネスチームなど、さまざまな目的で利用されているのです。ここで

アカウントを登録する

https://discord.com/ にアクセスし、「ログイン」をクリックする

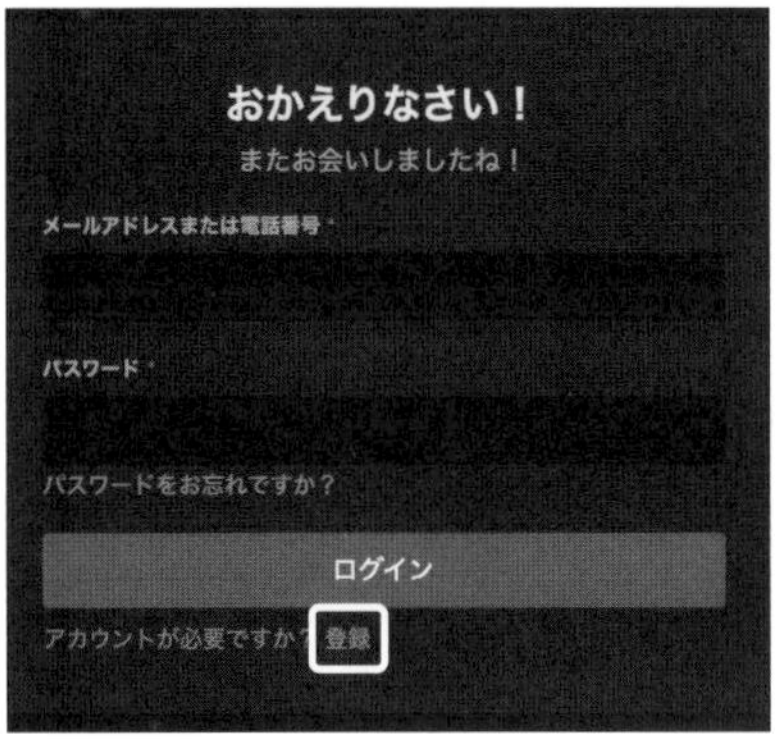

ログイン画面が開く。アカウントを登録する場合、「ログイン」ボタンの下にある「登録」の文字をクリックする

アカウントを登録する

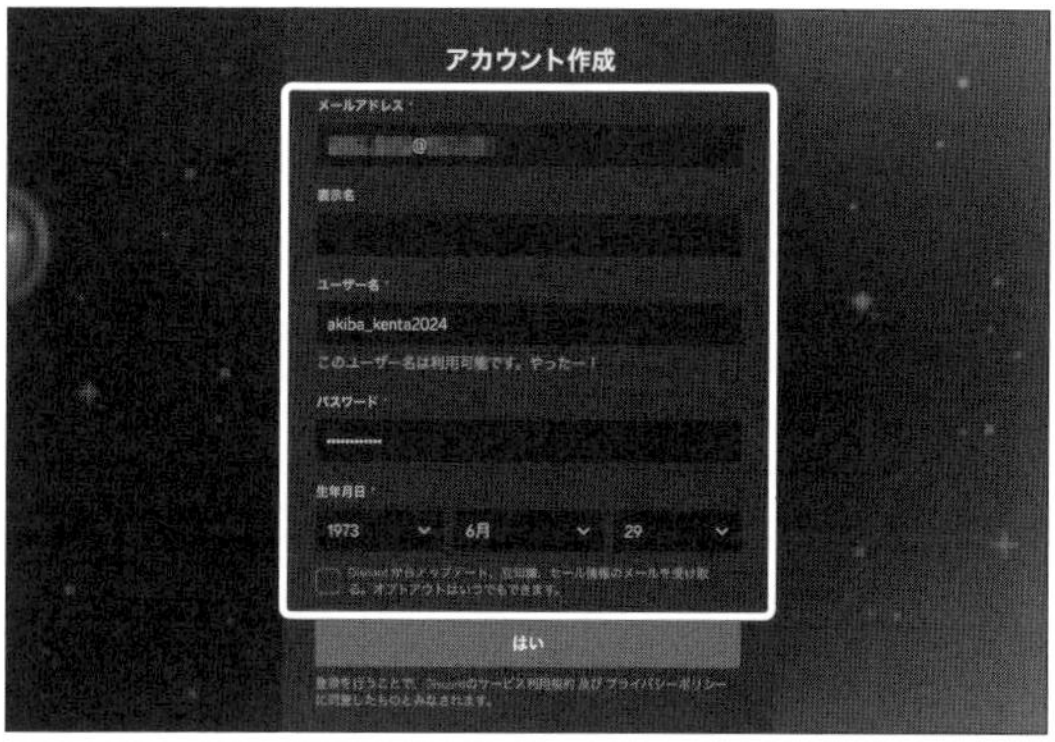

メールアドレスやユーザー名などの個人情報を入力し、「はい」をクリック

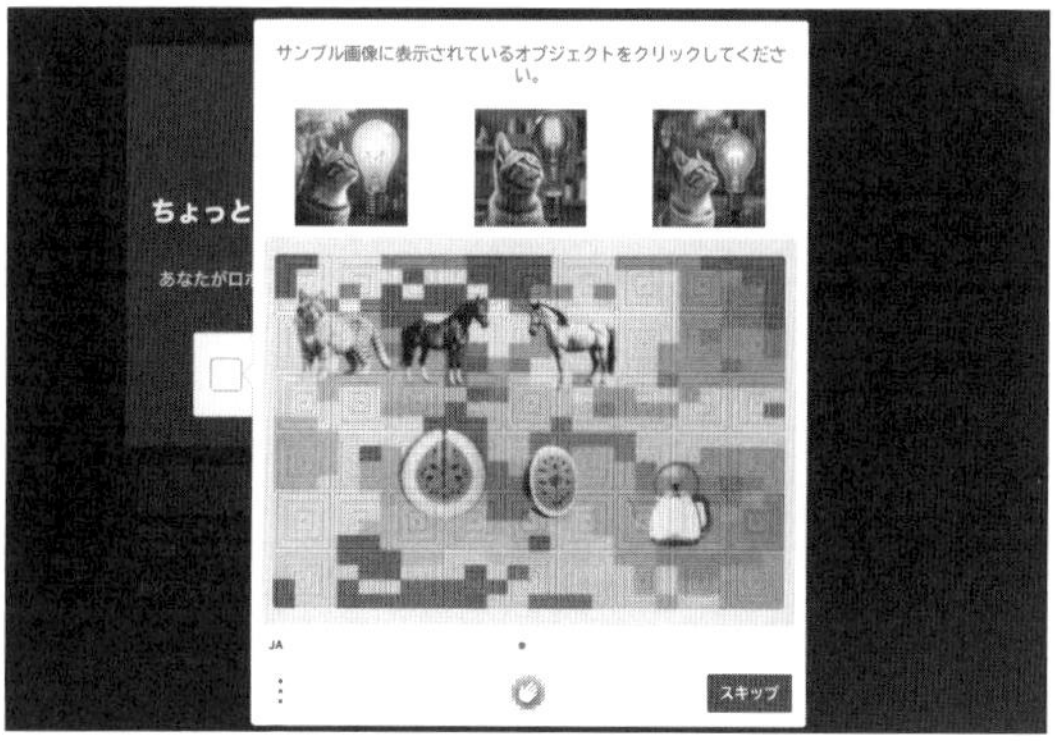

人がアクセスしているのをチェックする画面が開くので、その指示に沿って作業をする

は、Discordの始め方から基本的な使い方、そしてコミュニティを楽しむためのヒントまでを詳しく解説します。

Discordを利用するには、まず公式サイト（https://discord.com/）にアクセスしてアカウントを作成する必要があります。トップページの「ログイン」ボタンをクリックし、ログイン画面下部にある「登録」を選択しましょう。

アカウント作成画面では、

アカウントを登録する

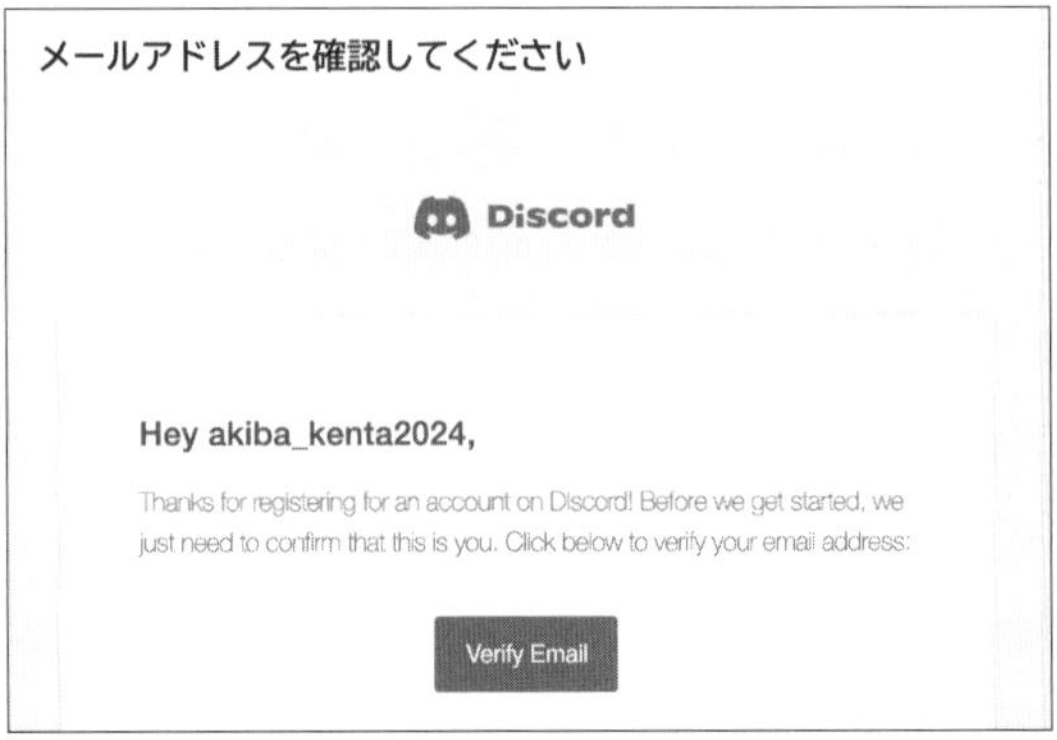

確認メールが届いているので、「Verify Email」をクリックしメールを認証する

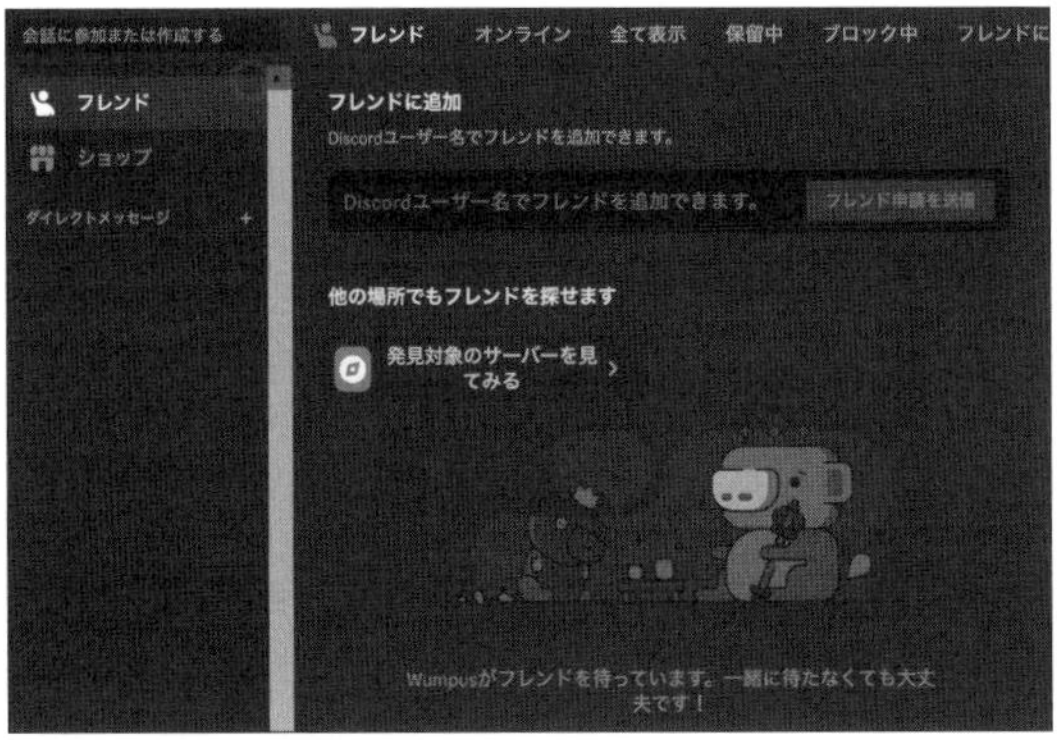

Discordにアカウントが登録された

メールアドレス、パスワード、生年月日などの必要情報を入力します。特に注意が必要なのはユーザー名の設定です。Discordでは、他のユーザーが使用していないユニークなユーザー名を選ぶ必要があります。希望するユーザー名を入力した後、「このユーザー名は利用可能です。やったー！」というメッセージが表示されれば問題ありません。

次に、アカウント登録をしているのが人間であることを確認するための簡単な

招待を受ける

参加したいDiscordのサーバー管理者から、招待リンクを受け取り、ブラウザでアクセスする

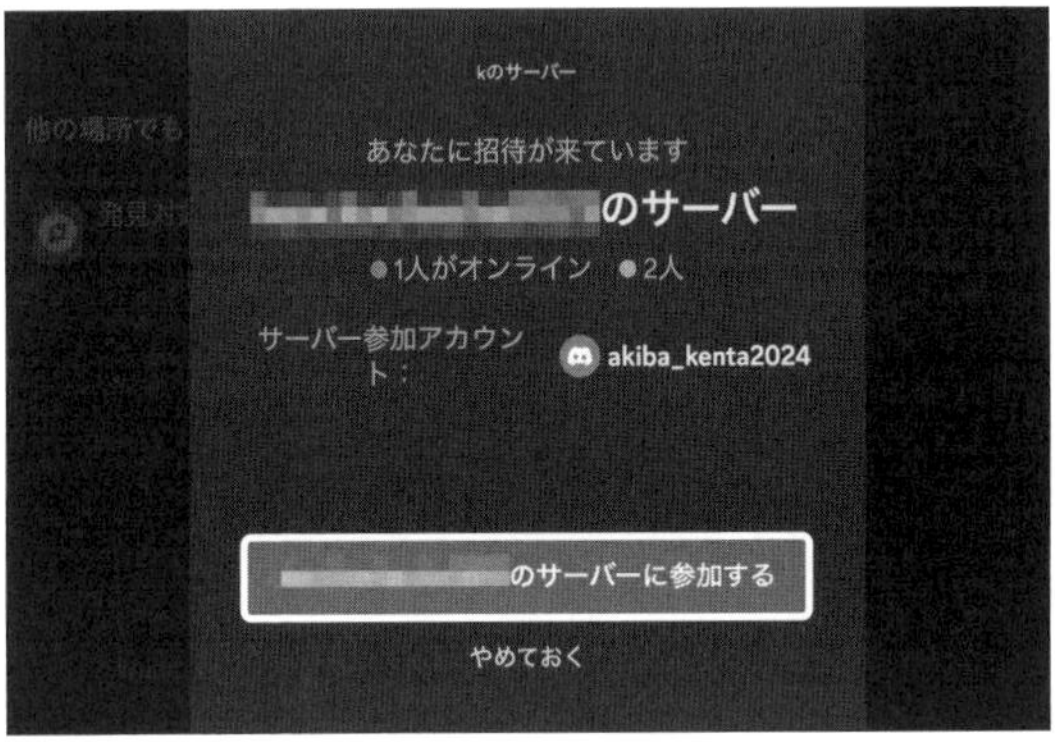

「〇〇〇のサーバーに参加する」をクリックして、サーバーに参加する

チェックが行われます。これは、ボットによる不正なアカウント作成を防ぐためのセキュリティ対策です。チェックを完了したら、登録したメールアドレスに確認メールが送られますので、メール内のリンクをクリックしてアカウントを認証します。これでＤｉｓｃｏｒｄのアカウント登録は完了です。

Ｄｉｓｃｏｒｄの主な活動の場は「サーバー」と呼ばれるコミュニティです。サーバーは特定のテーマや目的に基づいて作られており、同じ

付録

招待を受ける

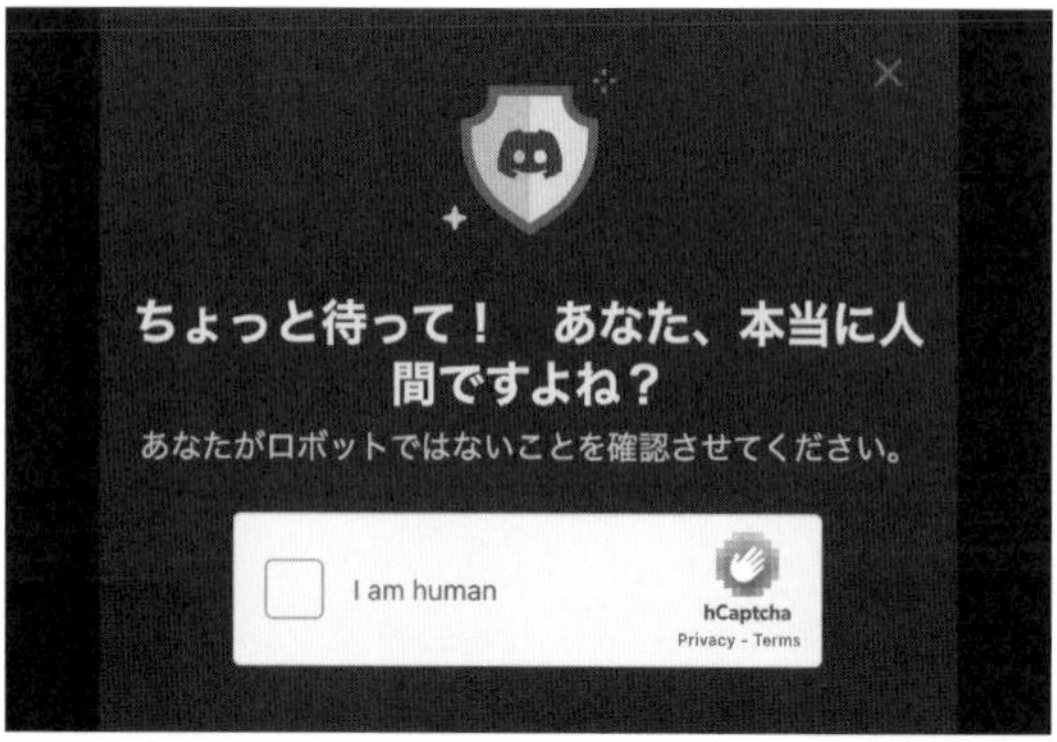

人かどうかのチェック画面が開きくので、その指示に沿って作業をする

招待されたサーバーに参加できた。挨拶のメッセージなどを書いて招待されたことを他の参加者に伝えるとよい

興味を持つ人々が集まる場所です。既存のサーバーは、Ｄｉｓｃｏｒｄから探すこともできますが、クローズドなコミュニティの場合にはサーバー管理者から招待リンクを受け取る必要があります。

　招待リンクをブラウザで開くと、「〇〇〇のサーバーに参加する」というボタンが表示されるので、クリックして参加手続きを進めましょう。多くのサーバーでは、参加時に簡単な自己紹介や挨拶のメッセージを送ることが推奨されています。これにより、

自分のサーバーを作る

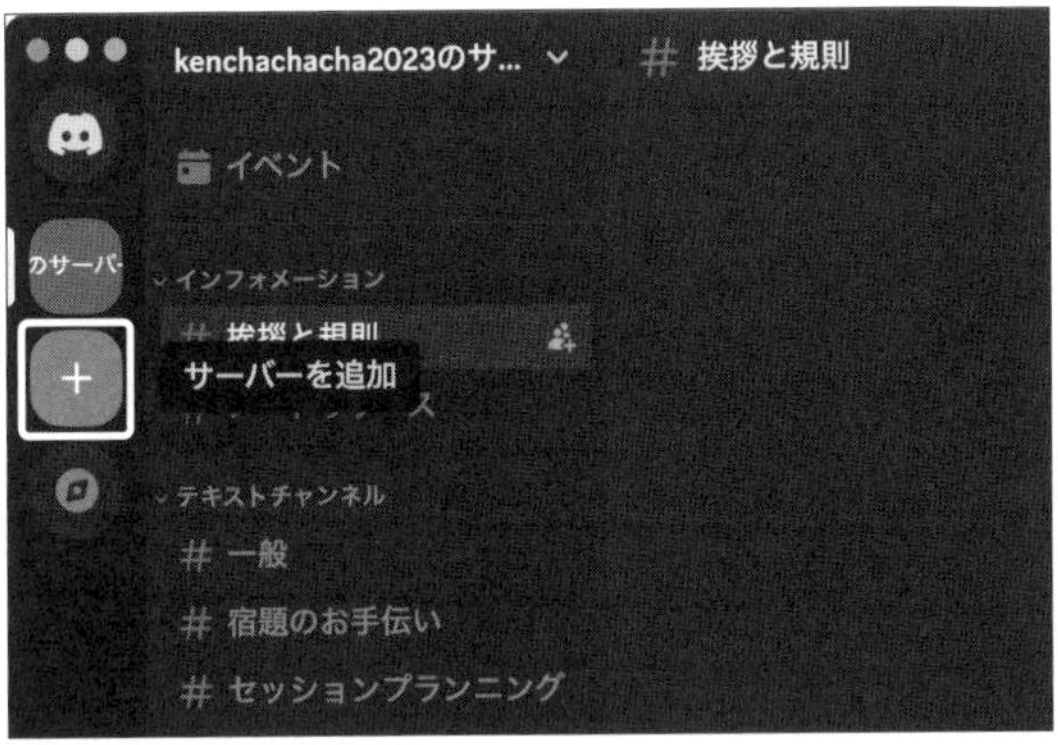

Discordにアクセスし、サイドバーにある「+」をクリック

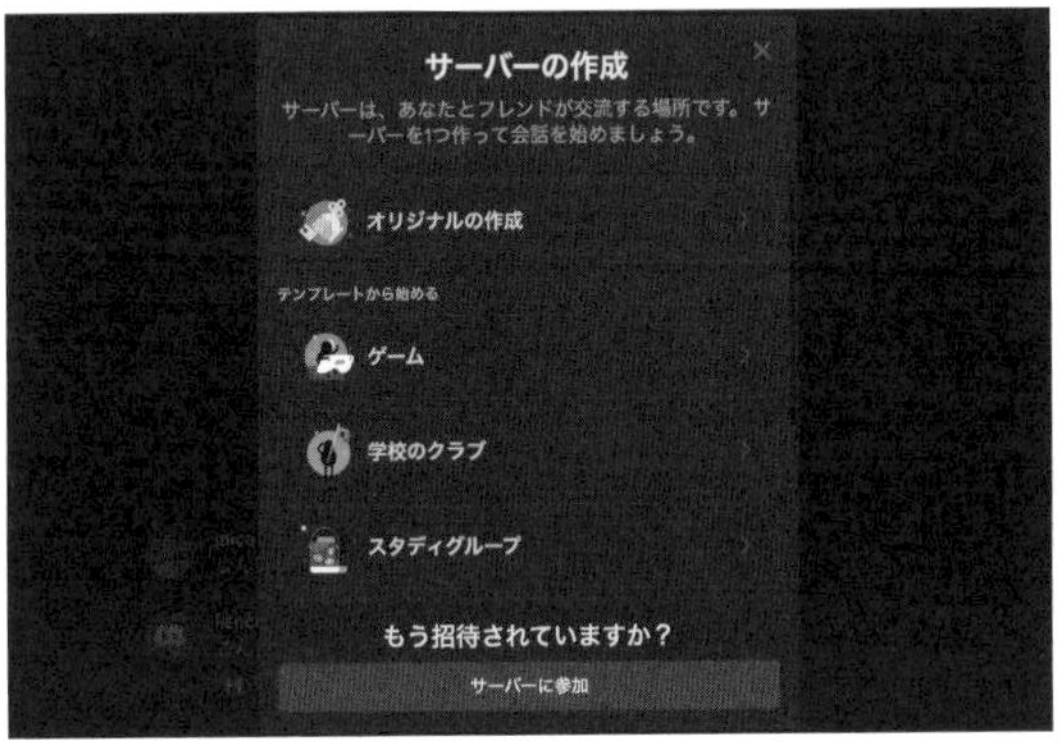

「サーバーの作成」画面が開く。用途が似ているものがあれば、テンプレートを使ってサーバーを作ることもできる。ここでは「スタディグループ」を選択

他のメンバーとスムーズにコミュニケーションを始めることができます。

自分が管理者となってサーバーを作成することも可能です。Discordのサイドバーにある「+」アイコンをクリックし、「サーバーの作成」を選択します。サーバーの作成には、大きく分けて2つの方法があります。それが、「テンプレートを使用する方法」と「カスタムサーバーを作成する」方法です。

Discordはさまざまな用途に合わせたテンプレー

付録

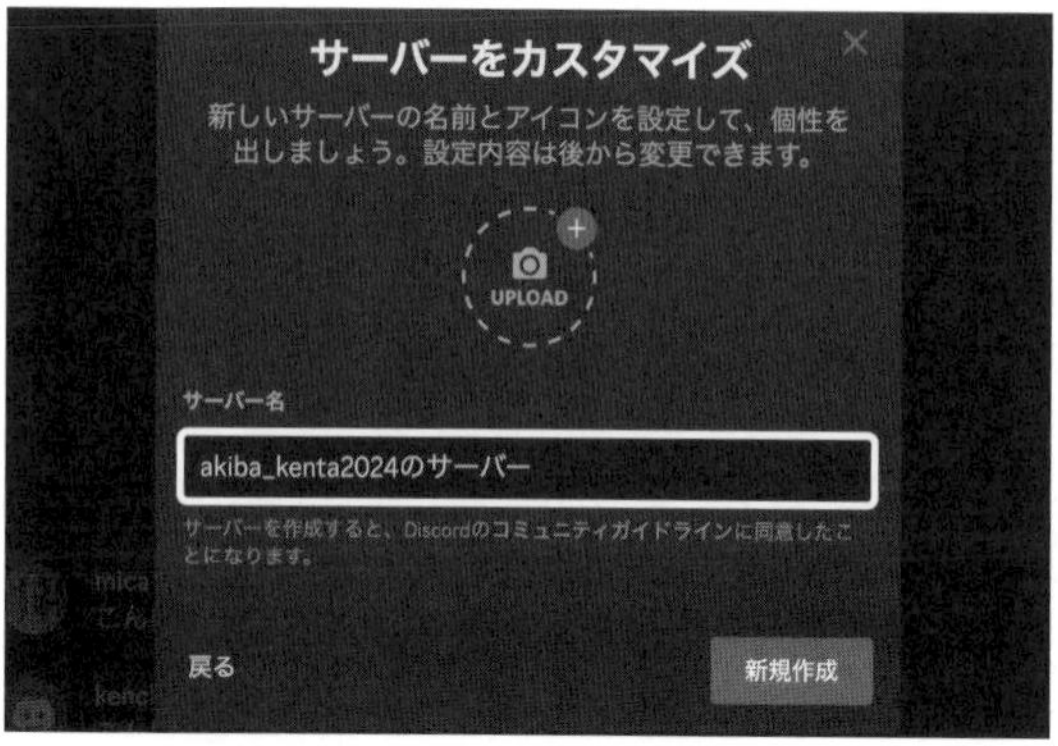

サーバー名などを入力し、「新規作成」をクリック

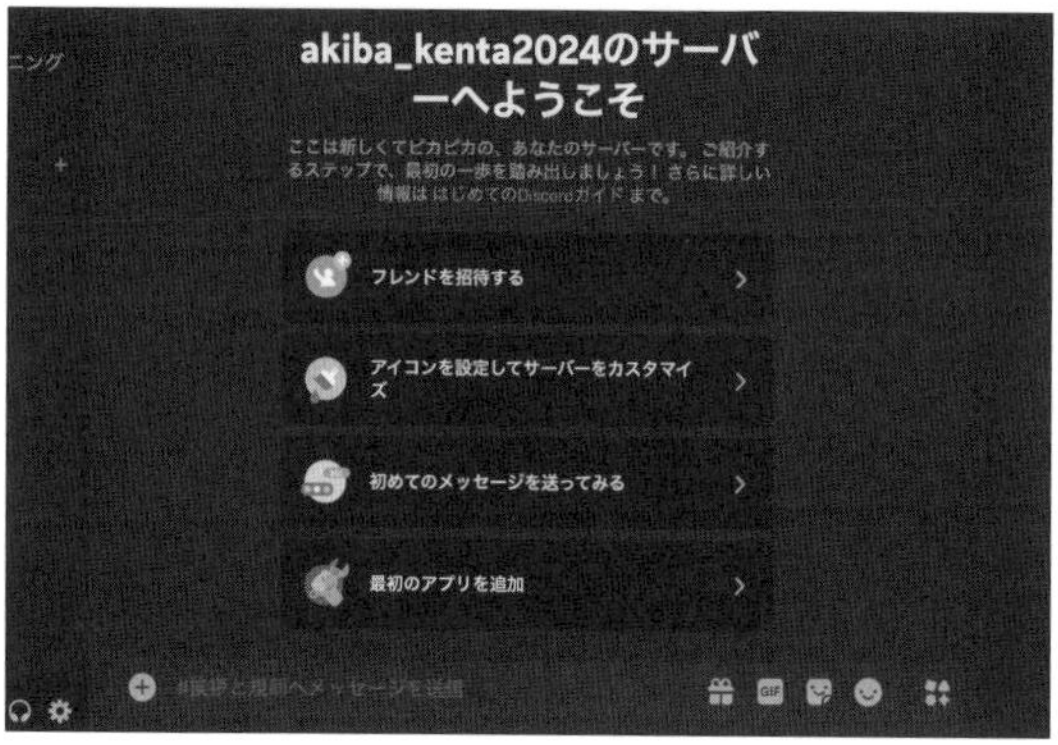

サーバーが作成された

トを用意しています。たとえば、「ゲーミング」「学習グループ」「アーティスト&クリエイター」などがあります。テンプレートを使用すると、目的に応じた基本的なチャンネル構成が自動的に作成されるため、初心者でも簡単にサーバーを立ち上げることができます。

　一方、特定の用途に合わせて、チャンネルの構成を1から作成することもできます。サーバー構成を作り込みたいという場合には、こちらの方がいいでしょう。

他のユーザーを招待する

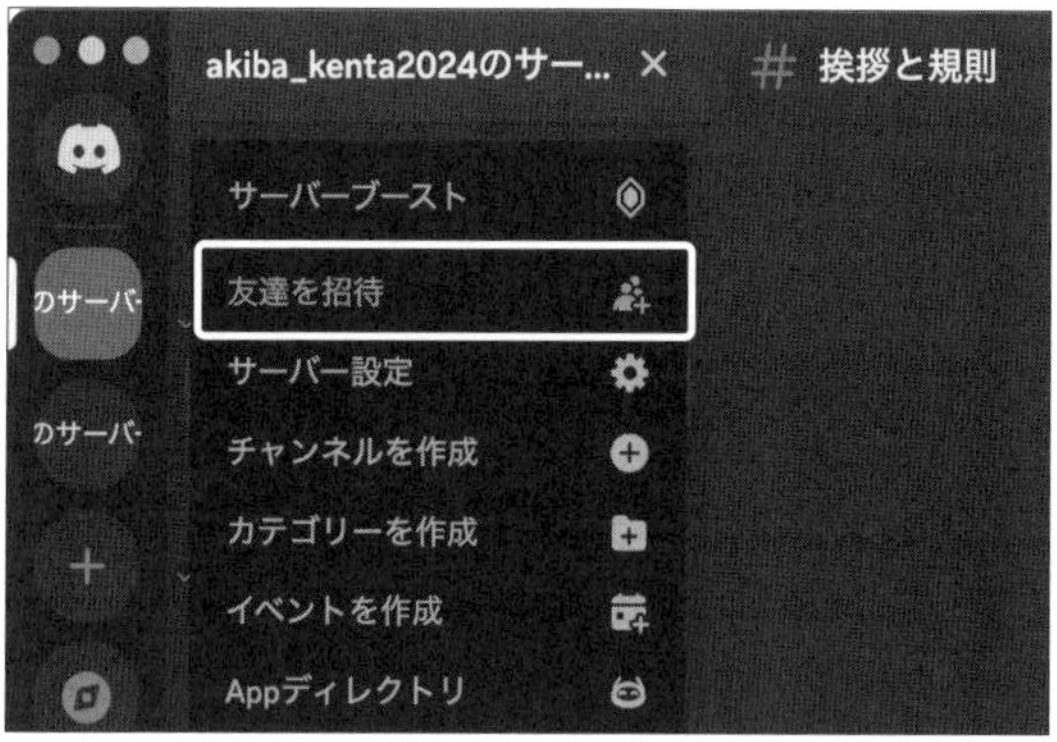

サイドバーのサーバー名をクリックし、「友達を招待」をクリック

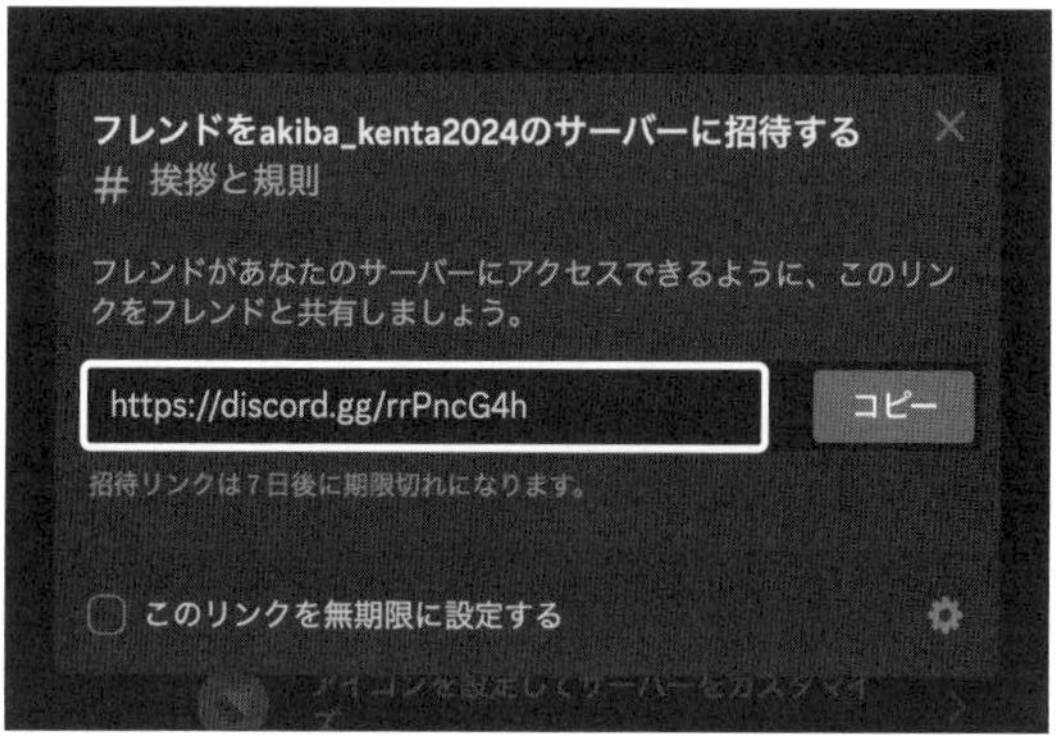

招待リンクが表示されるので、メッセージアプリなどでこのURLを招待する友達に送る

サーバーを作成したら、友達を招待してコミュニティを育てていきましょう。サイドバーのサーバー名をクリックし、「友達を招待」を選択すると招待リンクが表示されます。このリンクを共有したい相手に送ることで、サーバーへの招待が可能です。

サーバー内のコミュニケーションは「チャンネル」を通じて行われます。チャンネルは話題や目的ごとに分けられており、効率的な情報共有を可能にします。また、ボイスチャンネルをクリックするだ

チャンネルのカスタマイズ

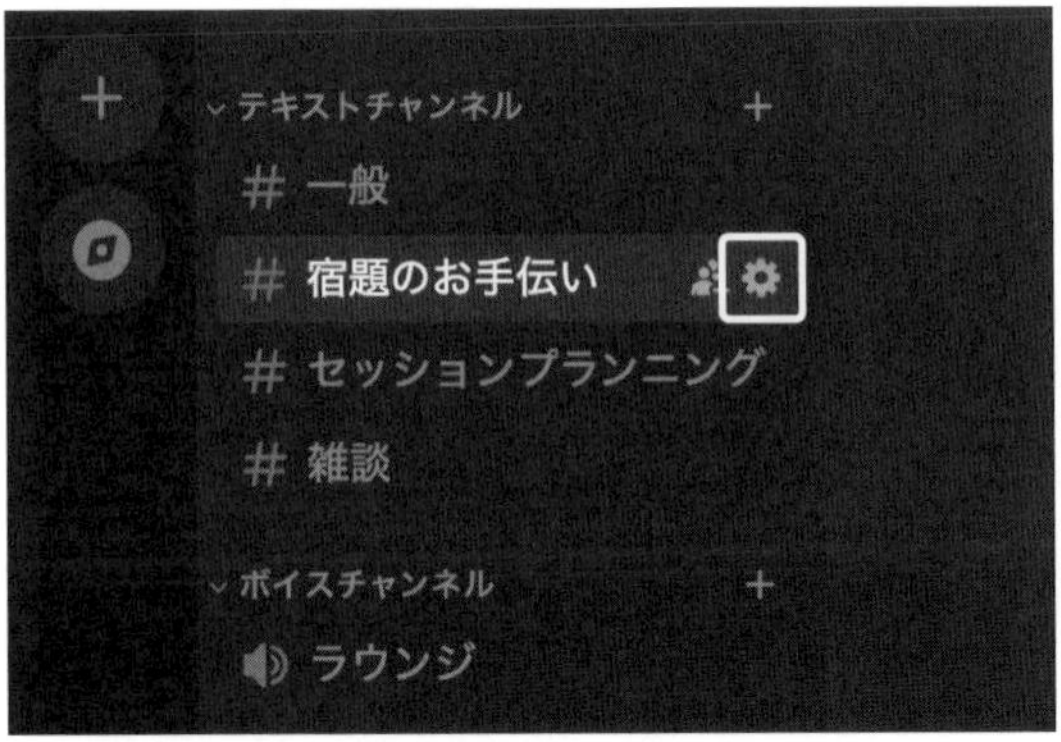

編集したいチャンネルをクリックし、歯車アイコンをクリック

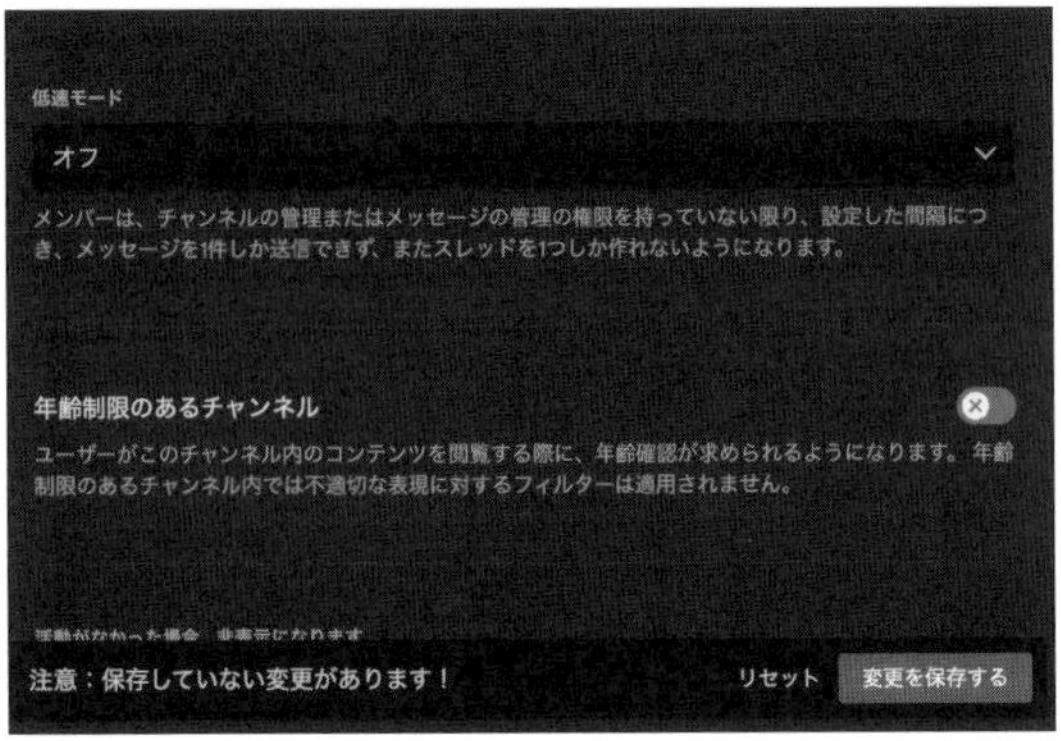

内容を変更して、「変更を保存する」をクリック

けで、他の参加者と音声通話が可能になります。これは、ゲームのプレイ中の戦略相談や、オンライン学習での質疑応答など、さまざまな場面で活用できます。会話が終わったら、画面下部の終話ボタンをクリックしてボイスチャットを終了します。

また、画面共有機能を使えば、自分のデスクトップやアプリケーションの画面を他の参加者と共有することができます。これは、プレゼンテーションや協働作業、ゲームのライブストリーミングなどに

ボイスチャンネルを使う

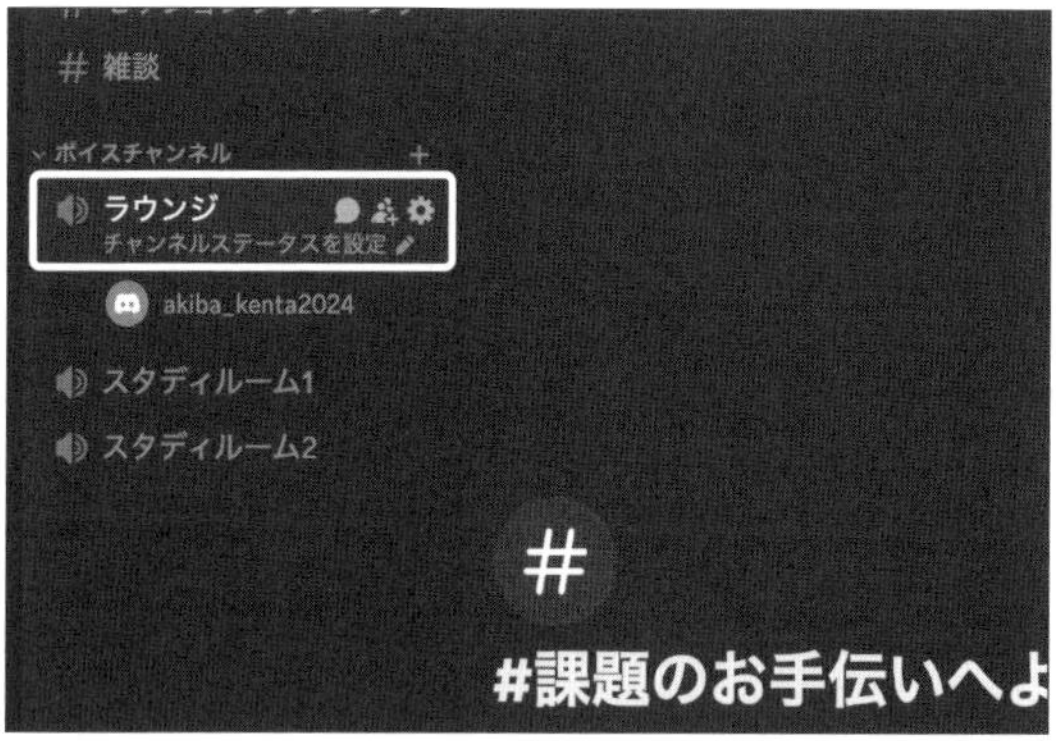

ボイスチャンネルをクリックすると、参加者とボイスチャットできる

終話ボタンをクリックすると、ボイスチャットを終了できる

非常に便利です。

　Discordはチャンネル構成をカスタマイズすることでユーザビリティが向上します。カスタマイズするには、編集したいチャンネル名の横にある歯車アイコンをクリックすると、設定画面が開きます。そこでは、チャンネル名の変更や説明の追加、ユーザーの権限の設定などができます。ユーザーの権限を設定することで、モデレーターの任命や特定のメンバーへの特別な権限付与が可能になります。

付録

あとがき

本書では、ＡＩ時代における新しい読書のアプローチについて、さまざまな角度から探ってきました。これらの技術やアプローチを活用することで、ＡＩと共に読書体験を豊かにすることができます。しかし、ＡＩを活用する際には注意すべき点もあります。ＡＩ生成の情報は常に正確とは限らないため、重要な情報は複数の信頼できる情報源で確認する必要があります。また、ＡＩに頼りすぎず、自分の批判的思考力を磨き続けることも大切です。著作権や知的財産権を尊重し、ＡＩの利用が倫理的な範囲内であることを確認することも忘れてはいけません。

読者の皆さんには、本書で紹介した方法を参考にしながら、自分自身の読書スタイルを確立していってほしいと思います。ＡＩは確かに強力なツールですが、あくまでも補助的な役割に過ぎません。最終的に本から何を学び、どう活用するかは読者次第です。自分に合った方法を見つけ、継続的に実践していくことが、充実した読書生活への近道となるでしょう。

ＡＩと読書の関係は、今後さらに進化していくことが予想されます。近い将来実現する可能性のある読書技術と、それがもたらす可能性について考えてみましょう。

まず、パーソナライズされた読書推薦システムが一般化すると考えられます。ＡＩが個人の読書履歴、興味、学習スタイルを分析し、最適な本や読書方法を提案するシステムが登場するでしょう。これにより、より効率的で効果的な読書体験が可能になり、読者一人ひとりのニーズに合わせた学習が実現するかもしれません。

次に、ＡＩが組み込まれたインタラクティブな電子書籍の登場が期待されます。これらの電子書籍は、読者の理解度に応じて説明の詳しさを調整したり、関連する補足情報を動的に提供したりする機能を持つでしょう。読者の興味や理解度に合わせて内容が変化する、まさに「生きた教科書」のような存在になるかもしれません。

さらに、ＡＩによる高精度なリアルタイム翻訳により、世界中の書籍をスムーズに読むことができるようになるでしょう。言語の壁を越えて、より多くの知識や思想にアクセスできるようになります。加えて、文化的な背景や歴史的コンテキストもＡＩが補足説明してくれるようになれば、異文化理解がより深まることでしょう。

ＡＩが仲介役となり、世界中の読者をつなぐオンライン読書コミュニティも発展する可能性があります。異なる視点や解釈を共有し、グローバルな対話を通じて理解を深めることができるプラットフォームが生まれるかもしれません。これにより、一冊の本を起点として、世界中の読者と知的交流を行うことができるようになるでしょう。

最後に、テキスト、音声、画像、動画を統合したＡＩ支援のマルチモーダル学習体験が可能になるかもしれません。これにより、複雑な概念をより直感的に理解できるようになり、学習効率が大幅に向上する可能性があります。

このようなＡＩと人間の相互作用がもたらす可能性は計り知れません。しかし、技術の進歩に伴い、私たちも進化していく必要があります。クリティカルシンキング、創造性、感性といった人間ならではの能力を磨き続けることが、ますます重要になってくるでしょう。

生涯学習の時代において、ＡＩ活用読書は重要な役割を果たすことになります。急速に変化する世界に適応し、常に新しい知識やスキルを獲得していくために、ＡＩと共に効率的に学び続ける能力が求められるのです。

しかし、忘れてはならないのは、読書の本質的な価値です。知識を得ることだけが読書の目的ではありません。想像力を刺激し、感性を磨き、新しい世界観に触れることも、読書の大切な側面です。ＡＩはこのプロセスを支援してくれますが、本から受ける感動や気づき、そして読書を通じて培われる思考力は、あくまでも読者自身のものです。

ＡＩ時代だからこそ、人間らしい読書の喜びを大切にしましょう。本書で紹介した方法を活用しながら、自分なりの読書スタイルを確立し、知的好奇心を満たし続けてください。新しい読書体験は、あなたの人生をより豊かなものにしてくれるはずです。

さあ、ＡＩ時代の新しい読書の冒険に出かけましょう。素晴らしい本との出会いが、あなたを待っています。

最後に、私の無茶なリクエストに応えながら5章の執筆を担当してくださった福間久美子さん、思いついたアイデアを相談するとすぐに応じてくださった担当編集の及川忠宏さん、レイアウトの実験に何度も付き合ってくださったデザイナーの内藤真理さんに、改めて感謝の意を表します。こういう本を書きたいという私の思いが書籍という形になり、感無量でした。ありがとうございました。

参考文献

注1：『なぜ働いていると本が読めなくなるのか』
三宅香帆
集英社新書
注2：「やりたいこと」も「やるべきこと」も全部できる！続ける思考』
井上新八
ディスカヴァー・トゥエンティワン

P72　サラタメさん
P73　中田敦彦のYouTube大学
P74　サムの本解説ch

著者プロフィール

井上真花　Mica Inoue

有限会社マイカ代表取締役。近著は『ぜんぶわかるChatGPT&Copilot』（三才ブックス）、『ゼロからはじめる なるほど！ChatGPT活用術』『ゼロからはじめるなるほど！Copilot活用術』（技術評論社）など。プライベートでは井上円了哲学塾の第一期修了生として「哲学カフェ@神保町」、2020年以降は哲学カフェ「なごテツ」の世話人を務める。趣味は考えること。

働いていても本が読める
AI時代の「読書革命」

2024年11月15日　初版第1刷 発行

著者　井上真花
執筆協力　福間久美子
発行人　塩見正孝
編集人　及川忠宏
発行所　株式会社三才ブックス
〒101-0041 東京都千代田区神田須田町2-6-5 OS85ビル3階
電話 03-3255-7995（代表） FAX 03-5298-3520
メール info@sansaibooks.co.jp

デザイン　内藤真理
印刷・製本　TOPPANクロレ株式会社

ISBN978-4-86673-432-3　C0030